培養中小學生

寫作腦

啟動六感創作，12堂課學會作文超能力

韓維君 著

朱光潛在〈文學與人生〉一文中，開宗明義說「文學是以語言文字為媒介的藝術……語言文學是每個人表現情感思想的一套隨身法寶。」可見語文是連接想像、情感的橋樑。維君投身語文教育工作，指導孩子如何利用語文陳述六感，從她的新作《培養中小學生寫作腦》一書觀之，除了強調挖掘個人內在潛質能力外，進而開發視、聽、嗅、味、觸、心六感的心智圖聯想。也就是說在經驗事件本身的過程，尋找內在靈光，讓靈魂滋長。過去一般人認為寫作是種天賦，難以教導，但美國科幻小說大師寇特・馮內果堅信，寫作是可以教的，教師的手要伸進學生的喉嚨，將其獨特的聲音抓出來。過去個人在大學教授「小說創作與賞析」，真正體會到馮內果的名言，有感於寫作教導，真的可以誘發學生的「聲音」，穿梭時空無視於時間的限制，盡展內在靈魂。

綜觀維君大作，是一本教導寫作的實戰手冊，內容單元包羅萬象，從培養想像力開始，建立孩子的信心，到引導六感移覺摹寫，循序漸進，從感知、體察、到享受文字帶來的滋味，那是一條完成「自我」的寫作過程，符合作者最後單元「如何用『我』寫文章」的指引。若非長年投注於寫作教學，是無法縝密規劃出如此一條「作文指引」的確切路線，與實戰經驗的傳授。

名作家、前世新大學教授　鄭如晴

如果我國小時有這本書就好了！

這是我看完維君學姐的新書後，第一個湧現的感嘆。從小到大一直不太會寫作的我，一路跌跌撞撞、摸索了這麼多年，直到現在才稍微懂得寫劇本的要點。如果當年我就有這麼棒的寫作入門書啟發我，不知有多好？

這本書深入淺出地帶入許多寫作方法跟技巧，讓寫作變得十分好玩，不但每個例子都非常生動，而且還有許多有趣的練習題。更令人驚喜的一點是：書裡涵括小說、劇本、新詩等各種不同的文學體，而各種充滿想像力的故事也引人入勝，讓人讀得津津有味，欲罷不能。

你有孩子對寫作感到十分頭痛的嗎？您有孩子想提升自己寫作能力卻尚在黑暗中摸索的嗎？買這本書送給她／他吧！這本書甚至也適合我們大人閱讀，相信您讀後也會很有收穫的。

知名電影導演　蔡銀娟

韓維君老師給我的印象，就是她筆下那隻名為「呼哧」的馬，散發著迷人的氣質，卻風急火燎地要帶著小朋友去發現那有趣、美好的文學世界！

翻開這本《培養中小學生寫作腦》，你會發現，這匹粉紅色的馬已經翩然到來，用美麗的翅膀擊碎任何「阻擋作文，與自以為沒有想像、閱讀力的結界」，踢小朋友上馬，授予基本駕馭能力之外，又陪著一起闖盪古、今、中、外經典作品的江湖，拜訪那些文學界的武林高手，只要跟著做完一步步的練習、一次次鍛練自己的大腦，小朋友馬上就能增加一甲子功力！

寫作是觀察、歸納、整理、分析等綜合能力的訓練與展現，更是受用一輩子的能力，旅讀與中華愛閱文化協會每年舉辦「愛閱作文比賽」，邀請全台國小中年級至高中生以筆為光劍，來一場「武林大賽」。當小朋友看完這本「武功秘笈」後，歡迎前來比試比試！

《旅讀》雜誌總編輯　張芸

將寫作變成充滿生命力、觀察力與創意的趣味桌遊！

記得第一次聽到維君為孩子們上作文課的課程大綱和內容，就不禁讓我嘖嘖稱奇、嘆為觀止。深深覺得這群孩子真是何其有幸，能夠透過這樣的練習，在課業壓力和考試壓得自己喘不過氣的年代，知識似乎變成要用成績來評量優劣的日子裡，發現文學的樂趣，發覺自己的創造力和想像力可以創造出的世界是無所不能且無邊無際的幻想世界。或是透過六感，去細細品味周邊自己可能忽略的一輪中秋的明月、夏季的蟬鳴，和奶奶用布尿布手織的算盤袋的溫度。過去曾經所有的回憶與情感、現下身邊的景緻、聲音與味道，重新地被喚醒。

運用唐詩、電影情節、迪士尼故事，來看看人物、情節和背景，加入改編，和新的人物設計。讓我重新能用不同的眼光和角度，進入情節和當時的人物主角相遇，這真是一場美麗的邂逅，也讓人更能欣賞古今文學和創作之美，並且玩轉文字，發現創造故事的樂趣。

最讓我觸動和感到有意思的地方，則是讓孩子運用寫作，找到自我。學習英雄之旅的十二階段，設計自己的英雄時鐘，這讓孩子們可以發現：是的，我可能是個平凡的孩子，但也能經由我所面臨的挑戰、苦難，和伙伴們一起打怪的過程，得到領悟與覺醒，在這不斷循環向上的過程，成為了一個自己生命真正的英雄！

財團法人天主教康泰醫療教育基金會 全人關懷師　陳怡如

作者序

編輯工作即將告終，這本書就要問世了。而這一切是我始料未及的。

我自小受教於母親，喜愛讀與寫，母校曉明女中具有無比靜謐的讀書氛圍，讓我能心無旁騖地學習與成長。在大學與研究所期間，我將所有熱情投向表演藝術，並持續採訪與書寫，渴望向所能及的未知探勘，直到碰觸自己的極限。

三十歲時，我決定當一葉「不繫之舟」，放自己航向未知。

有了孩子後，我開始參加各類親子活動；二〇〇八年懷了老二，在忙碌的家庭與工作行程中，我竟萌生自己規劃活動的念頭，一直到真正轉換職場之前，我獨力籌辦了幾十場大小演出。這些歷程彷彿是前驅，讓我確定未來不但要走上舞台，更要走向親子。

二〇一九年應陳韻茹老師邀請，我到女兒班上帶領晨光活動，沒想到竟成為我累積教學經驗的起始；鄰居媽媽跟我聊得投契，請我帶她的兩個孩子閱讀古文，進而介紹我去家教班教作文；作文班上的孩子因為上我的課引起對寫作的興趣，媽媽請我為他上個人課……一切如雪球般愈滾愈大，滾到目前，一本書就這麼滾出來了。

在此，我想感謝所有協助我完成出書夢想的貴人：台中曉明女中劉瑞瓊修女，感謝您的鼓勵！名作家鄭如晴學姊，感謝您願意為我寫推薦文！台北市閱讀寫作協會創會理事長汪詠黛學姊，感謝您給我的支持與鼓勵！《旅讀》雜誌張芸總編，感謝您一口答應為我寫文推薦！名電影導演蔡銀娟學妹，感謝您給我的鼓勵與推薦！主內陳怡如姐妹，謝謝妳總是支持我的夢想！還有幫我辛勤改稿、又提供我絕佳建議的「布瓜閱讀帶領人讀書會」好夥伴，作文老師王雅慧，誠摯感謝妳！以及許許多多的朋友與家長們，感謝您們給我的鼓勵！

我還要感謝我的家人：我的母親、也是我的啟蒙老師劉慶生女士，我的父親韓中嶽先生，我的先生廖漢章，我兩個可愛的女兒，他們是我靈感的泉源。

最後，我要感謝您願意展開書頁，與我一同進入迷人的文字國度，希望這本書能讓您不虛此行。

目錄

PART 11 二十四節氣的智慧

PART 12 如何用「我」寫文章

目錄	學習目標
第一單元 看見自己的超能力	培養寫作自信心與想像力
第二單元 六感心智圖	啟動感官，以六感開啟寫作的感知能力
第三單元 六感寫作	運用六感寫作技巧詮釋不同文類（新詩／記敘文／抒情文）
第四單元 寫故事就像蓋房子	由外至內、由大至小，建立文章結構
第五單元 從六感到移覺摹寫	六感技巧結合故事三元素等技巧，寫出文章新意
第六單元 詠物、寫景、抒懷三個必殺技	學習經典作品的三個寫作技巧
第七單元 唐詩好好玩	唐詩寫作延伸 (重組 + 編劇 + 故事)
第八單元 穿越時空會古人	學會採訪、設計提問與筆記技巧，穿越時空去探訪古人心靈
第九單元 文學就像長河	了解文學史的意義，並建立自己的閱讀文學年表
第十單元 作品大舞台	學習如何以故事三元素、文字畫面互轉等技巧剖析經典文本
第十一單元 二十四節氣的智慧	了解 24 節氣是現代與古典生活的交疊印記，並製作屬於自己的節氣年輪
第十二單元 如何用「我」寫文章	以六感、記憶年輪、英雄旅程等技巧，完成具有深度的書寫作品

PART

01

看見自己的超能力

原來每個人心中都有個孫悟空。

第一階段

了解內在超能力

寫作，就是建造一座「內心小劇場」。

以「文字」為魔法，把你看得見、但別人卻看不見的東西，用「你的方式」演出來，讓別人也能看見。

《小王子》作者的繪畫

《小王子》作者安東尼．聖艾修伯里（Antoine Saint-Exupery），在書一開始寫他六歲時畫的《第一號繪畫作品》，描繪一條大蟒蛇吞下一隻大象的模樣。他拿給大人看，想問大人對這隻巨大蟒蛇是否感到害怕，大人們卻回答：「害怕？一頂帽子有什麼好怕的呢？」於是他只好再畫《第二號繪畫作品》，清楚呈現一條蟒蛇肚子中有隻大象，這次大人終於懂了，但希望他不要再畫大蟒蛇，要專心讀書。

他說，也許這便是他決定不往藝術發展的原因：「大人們自己什麼事都不懂，總是要讓身為小孩的我們為他們解釋，實在是很累人。」看完安東尼的故事，我不想讓孩子們因為要費力跟老師或父母解釋自己寫的故事，擔心他們的批評而放棄繼續寫故事，因此我要再跟你說一個故事。

每個人心中都有一個「孫悟空」

你知道有本故事書叫《西遊記》嗎？這是一本世界聞名的故事書，是明朝一位名叫吳承恩的作家寫的，喜歡這本書的人不只是懂中文的人，也有許多外國人喜歡喔！

這本書的主角不是人類，而是一隻猴子！牠的名字叫做「孫悟空」，牠也是中國「四大奇書」[1]中「唯一」主角不是由人類擔任的書！

《西遊記》不只是神話故事。從這個故事裡，我們看見一個天地孕育的生命，對未知充滿好奇，努力爭取自己想要的一切，雖然看來毫無章法但卻充滿無限的可能。我們的生命本就來自於天地間的能量，「孫悟空」這個角色正代表人們對於「求生」與「未知」的渴望與好奇！

看得見源自於看不見[2]

現在想像自己是一棵強壯的大樹，頂天立地，吸收宇宙間無限的能量——想像樹上長滿了果實，但果實好不好吃，是樹上哪一個部分決定的？

是葉子？樹幹？還是樹根？

是「樹根」！

樹根可以吸收土壤中的營養，透過樹幹輸送到枝葉。你的自信心、想像力，就像這棵大樹強壯的樹根，幫助你吸收所有的營養；加上枝葉幫你留下空氣、陽光和雨水為你帶來的能量，就能讓你的果實變得無比好吃！

這告訴我們一個道理：「看得見的果實」源自於「看不見的能量」！而這能量，就是你的「自信心」和「想像力」！

現在讓我們一起來加強自信心，發揮想像力，我們一起摸著頭說：「你是我最棒的頭腦，你讓我懂事！」

我們一起摸著心說：「你是我最棒的心，你讓我感動！」

你的頭腦、你的心，就是想像力的來源！

相信他們，與他們一起合作，就可以創作出屬於自己的好文章。

第二階段

發揮你的想像力

想像力，就是你的「超能力」！

我們每個人都有像孫悟空那樣自由自在的超能力，也就是你的「想像力」！希望大家能學習孫悟空，站上你的觔斗雲，看看自己在寫作上的創作能力。

寫作可以天馬行空，想一想，如果你是孫悟空，你會希望自己具有什麼樣的超能力呢？

記得嗎？「看得見源自於看不見」！你的根和枝葉吸收了最棒的能量，就能讓你長出好吃的果實！現在我們所要完成的主題，就是那些被你放在心中、別人看不見的寶貝，用你的文字表現出來，讓別人也能看見！

寫作，就是在你心中打造一座小劇場！

把看不見的東西表演出來讓別人看見，就是作文的魔法！

每當老師給你作文題，你的心情如何？許多小朋友都覺得頭很痛。這就跟選擇「吃什麼」一樣，既然你不喜歡這道菜，那就試著自己創造出一道菜吧！

如果你不喜歡老師出的作文題，那你喜歡哪種題？

啊哈！我聽到你的ＯＳ了！不好意思，我們不接受「不出題」這個選項喔！

我來問問，如果可以，你想擁有哪種超能力？

有一位小朋友說他想要有飛毛腿、力大無窮、瞬間移動這三種能力，這樣他就可以想跑多快就多快！想搬什麼就搬什麼！想去哪就去哪！

那你呢？

課堂小作業

・問題1：你想要擁有哪些超能力？你要用它來做什麼？

・問題2：如果你的筆是金箍棒，你希望它長成什麼樣？希望讓它為你做什麼？

・問題3：如果你的筆記本是觔斗雲，你希望它長成什麼樣？希望它為你做什麼？

第三階段

開發你的行銷力

接著，一起來化「不可能」為「可能」！
寫作，能讓你天馬行空的想像力與創造力大爆發！

試著將你的想法用文字表現出來吧！

．問題1：如果你有全世界最厲害的魔法，你想要做什麼？
．問題2：如果你有全世界最棒的腦袋，你想要做什麼？
．問題3：如果你可以成為一個超人，你想要成為誰？為什麼？
．問題4：請設計出一部「超能力機器」。

怎麼開始構思呢？可以從四個方向想一想：

一、生活需求

二、你最喜歡卻常常無法做的事
三、大環境需求
四、未來的需求

舉例說明：

一、生活需求：樓上鄰居常常發出巨大噪音，希望能有一個機器將噪音完全消失。
二、你最喜歡卻常常無法做的事：我喜歡打電動，但是打太久就沒時間寫功課，希望能發明一個機器，讓我打完電動也同時寫完功課。
三、大環境需求：地球氣溫愈來愈高，我想要發明一個可以讓地球降溫的機器。
四、未來的需求：乾淨的水源愈來愈難取得，我想要發明一個，可以將家用廢水馬上轉變成乾淨飲用水的機器。

你可以選擇以上任何一項需求來設計你的超能力機器。

發揮你的想像力，畫出這部機器的「設計圖」，並寫出它的「使用說明書」。

提示：一份「使用說明書」會包括介紹這部機器的：

一、外觀　二、功能　三、使用方式

假設你是一位機械工程師，請詳細介紹你所設計的機器。

舉例說明：

我的「超能力機器使用說明書」內容如下：

一、外觀：全黑，由全世界最堅硬的金屬所製造。

二、功能：潛到排水管最深處，將所有污穢與水源分開，立即把家用廢水轉變成乾淨的飲用水。

三、使用方式：將機器放入排水管，即可使用。需要充電，充完電之後可以使用一個月。

示範

我想跟各位介紹我所發明的「水質淨化機」，它是由全世界最堅硬的金屬製造的，它能夠潛入排水管最深處，將家裡製造的骯髒污穢與水源完全分開，將髒的、使用過的水轉變成乾淨的飲用水。只要將機器充飽電，放入家庭的排水管中，它就能自動探測骯髒水源的位置，進行水質淨化的功能。它只要充飽電就可以使用一個月，這一個月中你的家庭用水不會再增加，可以循環使用。以後遇到停水期間，就不用擔心沒有水可以用了。

課堂小作業

現在，請帶著你的「超能力機器設計圖」與「使用說明書」，勇敢地向其他人（爸爸、媽媽、阿公、阿嬤……）介紹，聽聽他們給你的回饋。

- 你的超能力機器設計圖：
- 你的超能力機器使用說明書：

第四階段

培養解決問題的能力

帶著你的「超能力機器」，成為解決世紀災難的超級英雄！

如果，現在發生一個非常嚴重的問題，舉例如下：

- 大型傳染病
- 致命的空氣污染
- 強度海嘯
- 長久暴雨造成的水患
- 世界戰爭
- 強烈地震
- 長久無雨造成的乾旱

全世界都等待著你帶著「超能力機器」去解決。你將會經過三個巨大的阻礙：

舉例說明：

- 第一個阻礙：當地沒有電可以使用

・第二個阻礙：出現想要搶走機器的壞人

・第三個阻礙：檢驗單位認為這個機器無法確認所製造的水質是否乾淨，要製造廠商提出證明

舉例說明：

以及四個機器操作上的問題：

・第一個問題：充電裝置出問題

・第二個問題：最重要的鑽頭突然斷裂

・第三個問題：因為管線老舊，機器在進入排水管淨化水源的過程中，將管線鑿破了，讓骯髒的水跑進乾淨的水管中。

・第四個問題：導航系統出了狀況，機器在排水管中消失了。

將三個阻礙及四個機器操作上的問題，運用你的想像力，合成一個故事。

示範

我是一位科學家，經過長時間的研發，我終於完成一項重大發明：「水質淨化機」，這部機器可以把家中的「髒水」立即淨化成乾淨的「飲用水」。但是目前這個機器使用起來還是有一些難以克服的問題：因爲它需要到排水管中清理水質，無孔不入的水有時

候會侵入它的充電頭，讓它突然故障。還有一次它的導航系統突然故障，讓我搜尋不到它的位置，還好只有短短幾秒鐘，眞的好驚險。

機器研發出來後，我其實並不希望被其他人知道，因爲我只想與最好的親朋好友分享，讓他們可以節省水費、有乾淨的水喝，但最後我還是被媒體發現了，許多記者都來訪問我，連政府單位都打電話來詢問這個機器，告訴我因爲機器淨化的水質難以測量，我不可以與其他人分享使用，以免損害他人健康。

我非常難過，因爲我花了好多心血才將這機器設計完成。但是我也知道，一個好機器必須要克服許多研發的問題。我要繼續將它可能發生的問題找出來，再一個一個解決。我很想利用自己設計出來的機器，去解決人類未來即將發生的問題，而如何「製造乾淨的水質」，就是我用一生去追尋的夢想。

課堂小作業

先試想三個阻礙及四個機器操作的問題後，再開始寫作。

・三個阻礙：

・四個機器操作問題：

・故事：

1 中國四大奇書：中國四大奇書是章回小說《水滸傳》、《三國演義》、《金瓶梅》、《西遊記》的合稱，據說是由明末著名文學家馮夢龍所定。

2 文字靈感來自於《有錢人想得跟你不一樣》，大塊文化。

PART

02

六感心智圖

運用你的六感天線，接收精彩的故事。

第一階段

連接記憶寶盒

打開五感，讓感覺流入心頭，成為「第六感」。

你知道「六感」在古老的「佛經」就已經存在了嗎？

在佛教經典《心經》[1]中的「眼耳鼻舌身意[2]」、「色聲香味觸法」講的就是我們的「視、聽、嗅、味、觸、心」六種感覺，也是我們每個人共通的感官經驗。我們透過五種感官「視、聽、嗅、味、觸」接觸這個世界，接收到的訊息傳到我們的腦，經過分析判斷後在心底形成一種全新的感受，成為「心感」。

打開五感，就像插頭通上了電，身體就開始有了感受。但如果我們的「五感」沒有到達心底形成「心感」，便只能停留在感官純粹的感受上，無法將這種感受轉變為「感動」。必須要有心感，我們的五感才可以交融轉換：比如你聞到一陣香味，覺得這味道像媽媽炒的一道菜，忍不住想趕快回家吃媽媽燒的菜。你的「嗅覺」竟然可以「喚醒記憶」（心覺）！還有，這味道像不像一支鉤子（嗅覺轉視覺），勾起（觸覺）你對美味的想念？

有一位作家建議要這麼感受五官所帶來的禮物：

「充分運用你的感官，安處於所在之處，環顧四周，但只是看，不要加以詮釋。看看光線、形狀、顏色、質地，覺知每件事物的寂靜臨在，覺知讓各種事物存在的空間。傾聽各種聲音，但不要加以評斷，傾聽各種聲音底下的寂靜。觸摸一些東西，任何都可以，感受及認識它的存在。觀照呼吸的韻律，感受氣息的進出，感受身體裡面的能量，讓一切如其所是，無論內外。容許所有事物以其本然樣貌呈現，深沉地進入當下。」（艾克哈特．托勒（Echhart Tolle），《當下的力量》）

所有的寶藏都埋藏在你的記憶裡。讓我們以一個遊戲來擦亮你的「六感天線」，接受更多四面八方而來的訊息，連接你的記憶寶盒。

示範

第一步 觀察具有六感特徵的生活大小事，分別描述：

- 視覺：炒菜鍋、鮮魚
- 聽覺：熱油煎魚
- 嗅覺：魚皮的焦香
- 味覺：台語「赤赤」，外酥內軟，多汁可口
- 觸覺：一點點熱油噴濺肌膚
- 心覺：鮮美

第二步 將這六感建立關聯性，寫成一篇一百五十字以上的短文：

我將一條鮮魚清洗乾淨，兩面畫出幾道刀痕，裡外抹上一層薄鹽，並將蔥薑擠出汁液塗抹內外，靜置十分鐘後洗淨，再用紙巾擦乾內外，細細灑上一層薄薄的麵粉兩面抹勻，起火倒油，並在油中灑一些鹽，這樣一來將魚放入鍋中時才不會濺起太多熱油。魚一下鍋，一剎時，散發出一股誘人的焦香。煎好的鮮魚表面又酥又脆，筷子一戳下去皮肉很快就能分離，入口時覺得外皮「恰恰（赤赤）」、多汁鮮美。

作品觀摩

紹恩／國一

視覺：模糊不清的　聽覺：山谷裡的鳥叫聲
嗅覺：清新的空氣　觸覺：濕濕的
味覺：甜甜的　心覺：美好

一大清早，我拉開防水布，走出帳篷，俯瞰著被濃霧籠罩的山頭，享受著平地少見的新鮮空氣，聆聽著環繞山谷的鳥鳴聲，我拿出耳機，但又把它放了回去，心想：現在應該不是聽音樂的好時機吧。我伸了伸懶腰，又濕又冷的感覺隨陣陣微風灌進我的衣服裡，哈啾一聲，樹上的鳥驚聲飛竄，也不知怎麼的，嘴巴裡竟有種甜甜的味道，眞是一個美好的早晨。

承叡／小五

視覺：綠油油的草地　　聽覺：蟲鳴鳥叫
嗅覺：草的香味　　味覺：風在嘴裡涼涼的
觸覺：雨打在身上非常冰涼　　心覺：非常平靜

走進森林，我感覺我的心很平靜，看到綠油油的草地，聞起來有種特別的香味，原來這就是「天然」的味道。這時一陣風吹進我的嘴裡，讓嘴中有了一種含著冰塊的感覺！突然下起了雨，雨水打在身上，讓我覺得很涼快，好像煩惱都被洗乾淨了。不知過了多久，聽到一陣蟲鳴鳥叫，原來是雨停了。

課堂小作業

請以六感方式描述這張圖片，文長一百五十字以上：

第一步 觀察具有六感特徵的生活大小事，並分別描述感受。

- 視覺：
- 聽覺：
- 嗅覺：
- 味覺：
- 觸覺：
- 心覺：

第二步 將這六感建立關聯性，寫成一篇一百五十字以上的短文：

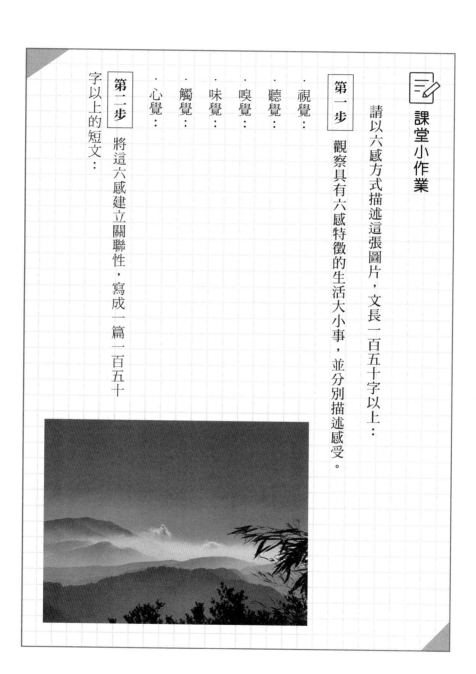

第二階段

打開你的六感天線

看見鳥語，聽見彩虹，感受音符的跳躍。

有一本繪本叫做《彩色鋼琴》，書中的小男孩強尼「聽得見」顏色，「看得到」聲音，他的父親特別為他製作了一台「彩色鋼琴」，彈奏琴鍵的時候，會看見螢幕上出現不同的顏色，不只如此，強尼彈奏鋼琴時還能同時創作色彩鮮豔的獨特畫作；而因為所有的音符瞬間就會轉成顏色與影像，完全不用擔心會吵到鄰居。

這雖然是個幻想的故事，但提供了一個很棒的想法：如果顏色有聲音，聲音有顏色，這個世界會不會更有趣？

舉例：

✓視覺：黑色如果有聲音，聽起來像什麼？
✓聽覺：鳥叫如果得見，是什麼顏色？
✓嗅覺：茶香如果能吟唱，會是什麼曲調？
✓味覺：如果在汽水海裡游泳，你會有什麼感覺？
✓觸覺：雨水打在身上，怎麼用六感形容？
✓心覺：快樂、傷心，怎麼用六感形容？

玩一玩：六感主角換著做，試試你的想像力！

如果讓六感輪流當主角，每個感官都能延伸出不同的想像描述：

示範

·主角：視覺

我覺得黑色「聽起來」像低音大提琴演奏的聲音，聞起來有黑黑的仙草味，吃起來有點黏黏苦苦的，摸起來軟軟的，黑色是一種安靜卻很有力量的顏色，讓我很有安全感。

・主角：聽覺

我覺得鳥叫聲的顏色是「黃色的漸層」色，因為鳥叫有高低的曲調、有節奏，不是一個單音。鳥的叫聲如果有味道，應該像薄荷有植物的味道，放在嘴中涼涼的，觸碰起來有點濕濕冷冷的，一聽到鳥叫，我就覺得很快樂。

其他還有以「嗅覺」當主角、以「味覺」當主角、以「觸覺」當主角、以「心覺」當主角的敘述練習喔！

主角	視覺	聽覺	嗅覺	味覺	觸覺	心覺
視覺	黑色	低音 提琴	仙草的 味道	黏黏的 苦苦的	軟軟的	安靜 有力量
聽覺	黃色 漸層	鳥叫	薄荷	涼涼的	冷冷的	快樂
嗅覺	金黃色	爆炸聲	臭豆腐的 味道	酥酥的	脆脆的	滿足
味覺	有白 有綠	脆生生的	草的 味道	苦瓜的 苦味	滑滑的 有顆粒	平靜
觸覺	金黃 摻著綠 色	切開 唰唰唰 切片 剁剁剁	香味 傳好遠	香甜	刺刺的	又怕 又喜歡
心覺	藍色	鋼琴聲	木頭	水、氣泡	涼涼、 很清爽	喜悅

課堂小作業

現在，換你來試試以不同感官當「主角」的練習吧！

主角	視覺	聽覺	嗅覺	味覺	觸覺	心覺
視覺						
聽覺						
嗅覺						
味覺						
觸覺						
心覺						

第三階段

設計六感謎題

以形容詞、比喻、敘述句，擴充你的想像空間。

善用「動物」、「植物」、「生活用品」、「自然現象」、「情緒」為主題，以六感描述方式設計謎題。

試試設計一些「謎語」吧！當你絞盡腦汁想出一連串「形容詞」、「比喻」、「敘述句」來描述謎題時，將會增加你詞彙的運用能力。

舉例：

- 謎題一：紅紅的、大聲、臭臭的、嗆辣、有刺、令人害怕，猜一種情緒。
- 謎題二：有白色、黑色、褐色，會從鼻子哼哼、也從喉嚨發出高亢的聲音，吃草、便便有草味，有人吃但我沒吃過，毛髮摸起來粗粗的，快速、苗條、有時很有個性，猜一種動物。

・謎題三：深紅色、圓圓顆粒，集合在一起會發出像下雨的聲音，聞起來沒什麼味道，要煮過後吃，煮熟後很綿密，沒煮很硬，煮熟很軟。吃起來有「寒冷的冬天好幸福」的感覺，猜一種植物。

・謎題四：可以很深也可以很淺，但一定要有深度。敲起來會有金屬鏘鏘鏘的聲音。聞起來有金屬的味道。不能吃，但上面經常沾滿了食物。堅硬、常常滾燙。一種「家」的感覺，猜一種生活用品。

・謎題五：沒有顏色、抓不著。常常唱歌，沒有曲調。本身沒有味道，卻帶著味道，看不到也吃不到。抓不著，卻能改變許多事物的方向與存在。令人喜歡也令人害怕，猜一種自然現象。

（解答在本單元末尾處）

第四階段

用文字作畫

運用想像力創造動物和植物，並以六感方式描述。

「吉卜力動畫」的創作者宮崎駿先生，為他的故事創造出許多令人印象深刻的動物：如《龍貓》中的「貓公車」和「龍貓」，《崖上的波妞》主角「波妞」，《神隱少女》的「白龍」……，這些角色總是讓動畫迷津津樂道，他們都具有鮮明的個性，帶著故事前往下一個精彩的情節。現在讓我們一起運用六感來創造你的動物與植物吧！

示範

動物：創造一隻名叫「呼咻」的動物

．視覺：長得像馬，有翅膀，會飛，羽毛是粉紅色的

．嗅覺：會發出迷人的香味

・觸覺：羽毛很多很滑
・味覺：肉不能吃有毒
・聽覺：聲音平常很溫柔很小聲，緊張時會變得很大聲
・心覺：膽子很小

植物：創造一種名叫「丁丁木」的植物
・視覺：有眼睛，長在最高的樹梢上。
・聽覺：有耳朵，長在每一個樹幹和枝節相交的地方。
・味覺：有嘴巴，長在樹根的地方。
・它會走動，眼睛看到哪裡有天災，就會移動過去給需要的生物遮蔭。
・它會儲存水分，走到需要水的地方把水傾倒出來。
・只要鳥兒站在他的耳朵旁唱歌，它就會快樂地跟著節奏舞動枝葉。

課堂小作業

一起運用六感，創造獨特的動物與植物！

動物：創造一隻名叫「　」的動物

・視覺：

・聽覺：

・嗅覺：

・味覺：

・觸覺：

・心覺：

課堂小作業

植物：創造一種名叫「　　　」的植物

・視覺：

・聽覺：

・嗅覺：

・味覺：

・觸覺：

・心覺：

第五階段

創作你的奇幻六感故事

把創造的動物、植物融入你的故事中。

你已經創造了屬於自己的動物和植物，接下來就要把他們放進你的故事裡。先設計故事大綱，利用一個「線索」牽起故事中角色之間的關係，在以下這個故事裡，「羽毛」就是線索。

示範

第一步 確定角色與情節，寫出故事大綱。

· 故事大綱：有一天，我在家門口撿到一根粉紅色的羽毛，回去做了個夢，夢見一匹長得很像馬，但牠說自己叫作「呼哧」的動物，牠帶我去一個奇怪的島，那裡住著許多丁丁木……

· 先確定角色：呼哧、丁丁木，再確定線索：呼哧的羽毛。將三者以故事「情節」連結在一起。

・分段陳述：
第一段：我如何撿到這根羽毛
第二段：呼哧帶我飛上天
第三段：我在天空見到的景色與小島
第四段：小島上的丁丁木與即將來臨的災難
第五段：原來只有我知道如何帶領大家度過災難

第二步 將故事大綱發展成故事，必須注意情節的邏輯發展。

呼哧有天到粉紅森林裡遊玩，遺落了一根羽毛，有隻喜歡搜集漂亮物品的八哥撿到這根羽毛，銜著飛回家，路上遇到大雨淋濕牠的全身，不小心一鬆口就遺失了那根羽毛。羽毛在風中翻滾，掉落溪水中，隨著溪流流到小水溝，另一隻八哥看見這美麗的羽毛，又銜起來想帶回家，牠的家就在我家門口的樹枝上。天放晴了，粉紅色的羽毛在陽光下綻放出柔和的光芒，牠輕飄飄地飛起來，我出門時，牠就這麼飄落在我的手掌心。我把羽毛帶回家，放在書桌上。

晚上睡覺前，我聽見有人敲門，打開門看見一匹粉紅色的馬，牠鼻孔呼著氣，氣喘吁吁地說：「快坐上來！我們快走！快來不及了！」我被牠嚇了一跳，張開嘴巴說不出話來。牠揚起左前蹄，用力踏在地上，發出高亢的叫聲，我更害怕了，往後退了一步，想把門關上。牠張開粉紅色的翅膀，大聲說：「我是呼啸，特別來接你去蓬萊仙島，你不要害怕，坐上我的背，一起出發吧！」我看見牠那美麗的翅膀一搧一合，不斷發出迷人的香味，我就好像中了魔一樣，不再害怕了。我爬上牠的背，抓著粉紅色的鬃毛，牠縱身一躍，我們就飛上天了。

耳邊的風呼呼吹了一陣又一陣，我剛開始不敢睜開眼，過了一會兒覺得平穩許多，才偷偷睜開眼睛。原來這就像搭飛機一樣，看著腳下的景物變得好小好小，跟雲朵好近好近，應該是晚上卻能在天空裡看見七彩的霞光，眞是奇妙。

飛了好一會兒，呼啸輕輕說：「我們要降落了，你抓好喔！」牠將翅膀調整角度，往一個海中的小島飛去，轉眼間我看見一座長滿綠樹的島嶼，島上的樹正舞動著枝葉，從它們的根部發出低沉的歡呼聲，樹上的小鳥也與它們一起合唱，就像一個和諧的合唱團那樣好聽。呼啸大力搧著翅膀，邁著步伐降落在沙灘上，牠開心的說：「各位丁丁木，我回來了！這是我們的客人，讓我們一起歡迎他！」所有的樹木搖晃著枝葉，就像它們伸展手臂一樣！它們的根部再度發出低沉的嗚嗚聲，像好聽的男低音！我向它們低頭一鞠躬，自我介紹：「大家好！我叫做……」這時，突然看見海浪向後退，露出光禿禿的海岸，所有的丁丁木立刻移動起來，它們一邊迅速往山林高處移動，一邊低聲說著：「海嘯來了！海嘯來了！我們快跑！我們快跑！」

我爬上呼哧的背，跟牠一起飛上天，從高空中看見海洋的中心出現一道巨大的漩渦，把所有海水捲了進去！我焦急問呼哧：「怎麼辦？海洋就要消失了嗎？」呼哧說：「我不知道啊！因爲只有你才能阻止這個災難！」

課堂小作業

針對你創造的「動物」和「植物」，想出一個引發故事的「線索」，讓角色進入情節。

設計故事線索：

第一步：確定角色與情節，寫出故事大綱。

‧第一段：

‧第二段：

‧第三段：

‧第四段：

‧第五段：

第二步：將故事大綱發展成故事，必須注意情節的邏輯發展。

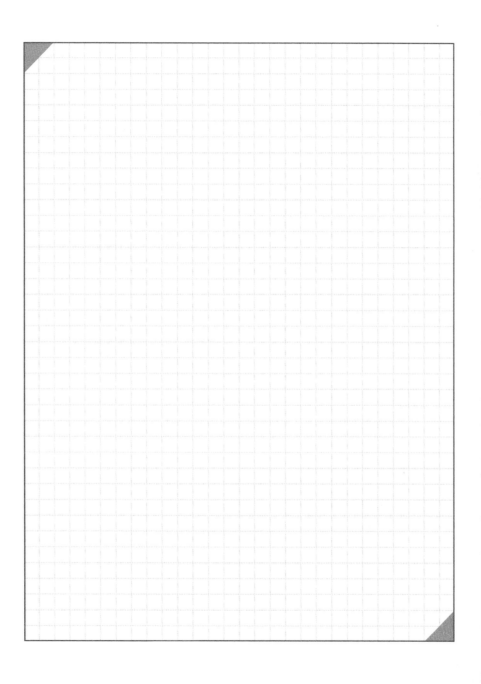

（猜謎答案：生氣、馬、紅豆、鍋子、風）

1 《心經》是大乘佛教表達空性和般若波羅蜜觀點的經典，又稱《摩訶般若波羅蜜多心經》，簡稱《般若心經》、《心經》。是所有佛經中翻譯次數最多，譯成文種最豐富，並最常被念誦的經典。

2 眼耳鼻舌身意，眼是指視覺神經，耳是指聽覺神經，鼻是指嗅覺神經，舌是指味覺神經，身是指觸覺神經，意是指大腦所司的記憶、分析、思想等等功能的神經，總稱為「六根」，六根個別接觸的對象為色聲香味觸法，稱為「六塵」。摘錄自聖嚴法師《心經講記》本論——宇宙觀（下）

PART

03

六感寫作

原來文字長在六感裡。

作家袁瓊瓊在《九歌一〇四年散文選》〈編序〉中說：「散文寫法基本兩種，一種有規劃，一種沒有。有規劃的寫法好比設計庭園，有主題，有結構，繞著主題寫去，只要寫全了，差不到哪裡去。」如果你早已清楚庭園的設計原理，等命題老師說明他想要的庭園是「中式園林」還是「西式花園」後，你便能在「時間」與「篇幅」的限制之中，搬花移木、巧手疊石，蓋出一座具有你自己風格的庭園了。

經過第二單元「六感心智圖」的練習，我要帶你走進一座「六感花園」，這裡所有的景物都呈現特別的面貌：一朵紅花會說話，一片樹葉不但有六感，還能為我們訴說四季的變化。現在就讓我們一起來看看，這座花園裡面有著什麼美好的景色？

下面的練習，將介紹以六感方式寫作新詩、記敘文及抒情文的方法。

第一階段

六感摹寫練習

運用你的六感，建造一座花園。

一、在這座花園裡有哪些動物、植物、自然現象、庭院設計？每項至少舉出三種。

示範

- 動物：青蛙、蜻蜓、游魚
- 植物：玫瑰、榕樹、綠草
- 自然現象：清風、晴空、明月
- 庭院設計：小山、池塘、曲橋

課堂小作業

換你來試試：

在這座花園裡有哪些動物、植物、自然現象、庭院設計？每項至少舉出三種。也可試著畫出你的花園設計圖。

- 動物：
- 植物：
- 自然現象：
- 庭院設計：

二、選出其中一種對象，寫出與六感有關的描述。

示範

一朵玫瑰

・視覺：跟媽媽的口紅一樣紅，在風中輕輕搖晃

・聽覺：對我溫柔的說話

・嗅覺：熟悉的香味

・味覺：很甜很甜

・觸覺：毛茸茸的花瓣

・心覺：很幸福

課堂小作業

換你來試試：

選出花園中的一種對象，寫出與六感有關的描述。

- 對象：
- 視覺：
- 聽覺：
- 嗅覺：
- 味覺：
- 觸覺：
- 心覺：

第二階段

六感新詩怎麼寫

試著跟心底的自己對話

首先，我們先了解寫新詩的九個重點：

一、分行：一句一行，就算一句只有一個字，也要佔一行。
二、不要平鋪直敘，以充滿想像力與美感的詩句引起他人共鳴。
三、集中焦點，一次發展一種感覺，以免失焦。
四、少用連接詞，會讓詩句顯得俐落清爽。
五、原則上不使用標點符號，但也有例外。
六、平頭：每一句都從頂端開始寫，但也有例外，如「圖像詩」。
七、分段：根據創作者的想法而分段，沒有既定規則。
八、斷句：把一個句子分成幾行來寫。

九、抬頭：將句子中的某些字，搬到下一行頂端。

了解寫詩的規則後，就可以開始創作了。

初階版：新詩創作

寫詩的心情就像是寫下你跟「心底的自己」的對話。想像有「另一個你」坐在身邊，試著以六感方式對他敘述你對某件事物的感受。

對象：一朵玫瑰

·視覺：跟媽媽的口紅一樣紅，在風中輕輕搖晃

·聽覺：對我溫柔的說話

·嗅覺：熟悉的香味

·味覺：很甜很甜

·觸覺：毛茸茸的花瓣

·心覺：很幸福

我們試著將上面示範的「一朵玫瑰」六感描述轉換成一首詩：

示範

〈媽媽花〉

那一朵花
跟媽媽的口紅一樣紅
在風中輕輕搖晃
好像媽媽對我溫柔地説話
她散發出熟悉的香味
一種很甜很甜的味道
我想變成一隻蜜蜂
降落在她毛茸茸的花瓣上
吸一口甜美的花蜜
啊！眞是滿足
就像吃到媽媽煮的菜
一樣滿足

課堂小作業

現在，試試寫出你的一首詩。

・對象：

先寫出對象的六感描述

・視覺：

・聽覺：

・嗅覺：

・味覺：

・觸覺：

・心覺：

再試著將這六感描述轉換成一首詩：

• 題目：

• 作品：

進階版：新詩創作

除了六感方式，也可以利用「詞語轉句子」的方式，自由寫下對某件事物的觀察，這種方式可分為三個步驟：

第一、在短時間之內（建議一分鐘以內）寫出十個與主題有關的詞語，可包括影像、感受、顏色、人物等。

第二、以六感（視覺、聽覺、嗅覺、味覺、觸覺、心覺）為十個詞語做出分類，再進一步以「移覺摹寫」[1]（指六種感覺可以相互轉移）方式，在詞語旁加上註記。

第三、不需要用完所有詞語，將可使用的詞語衍生成完整的句子，再將句子依照自己構想的情節排列，即可完成。

示範一

創作主題：春天

・步驟一：寫下十個詞語。

・步驟二：以五感加心感分類註記，再進一步做「移覺摹寫」練習。

詞語	六感分類	移覺摹寫	將詞語衍生成句子
鳥語	聽覺	聽覺轉心覺：愉悅	鳥語啁啾
春風	觸覺	觸覺轉心覺：春風溫柔	春風掠過
春茶嫩葉	味覺	味覺轉心覺：鮮嫩的春意	滿山青嫩
春茶	嗅覺	嗅覺轉心覺：清香與回憶	茶如川流向上攀升
風箏	視覺	視覺轉心覺：童年回憶	春天的箏拉著逝去的夢
春雨	視覺／嗅覺／觸覺	視嗅觸覺轉移：氣味想像	春雨打在葉片上的滋味
築巢	視覺	視覺轉心覺：繁衍	
計畫	心覺	視覺轉心覺：啟始	
家人	心覺	視覺轉心覺：生與死	夢中的外婆和奶奶
冷熱交替	觸覺	觸覺轉心覺：氣溫變化	

• 步驟三：將挑出的詞語衍生排列成完整句子，寫成一首詩。

〈春茶〉

我的行囊裝著四季
逢春盛裝春茶
入口便是滿山青嫩
依稀聽見轟轟春雷
品嚐一場春雨
打在葉片上的滋味
還有春風掠過鳥語啁啾
葉片舒展的美好時刻

飲一口啜著
那茶竟如川流激著口壁
濺起水花向上攀升
直升至我的眼眸
從眼眸望去有一絲線
線的上緣是展翅欲飛的箏
只有孩子才拉著箏啊
春天的箏拉著逝去的夢
夢中的外婆和奶奶
別飛走了花白的鬢髮
蹣跚的小腳和慈祥的笑容

茶涼透著苦
只因那壺中
餘下的年少青春
永遠倒不出

示範二

創作主題：春雨

- 步驟一：先寫下八到十個詞語。
- 步驟二：以六感分類註記，並想出對應詞語。

春雨相關詞語	對應詞語
雨傘開花（視覺）	字（水珠）砸在頭上
狂風暴雨（視覺、觸覺、聽覺、嗅覺）	老師罵人聲
烏雲密佈（視覺）	同學嗆聲
溼滑（觸覺）	跺腳、運氣好、字掉到地上變得溼滑、撿字彈回去
花朵上有水滴（視覺）	字掉到書上開花、炸掉書本和課桌椅
大水蟻（視覺）	罵人的老師
想睡（心覺）	大水蟻盤旋引人昏昏欲睡
裝滿水的雨鞋（視覺）	爆滿的書包

• 步驟三：將挑出的詞語衍生排列成完整句子，寫成一首詩。

（為了增加創作靈感，我們先在網路上欣賞一段影片：「二〇〇九台北詩歌節數位影像詩得獎作品〈言雨之中〉陳惠娟」，觀賞之後再加入更多聯想。）

〈春雨〉承叡／小五

雨打在大家身上
讓我們很生氣
想阻止下不停的雨
雨卻愈下愈大
烏雲也愈來愈多

我很憤怒
用力跺地板
因爲雨下太大了
地板變得很濕滑

我撿起地上的水滴
向烏雲反擊
我們團結一致
變成一把巨大的雨傘
閃電卻從天上打下來
把傘燒成一把骨架
雨勢愈來愈大
我們的雨鞋全都裝滿了水
滿到溢了出來
一直倒也倒不完

在下雨之前
總愛四處飛的大水蟻
用翅膀拍打著教室的玻璃窗
想叫我們停戰
我們不想再聽他的長篇大論
就用字典把他消滅了

雨和閃電
在鐘聲響起之後
決定停戰
然後
我們就放學了

第三階段

六感記敘文怎麼寫

你可以用「順敘法」，也可以用「倒敘法」

記敘文，順著時間寫，叫做「順敘法」，也可以倒著寫，叫做「倒敘法」。順著時間寫，可以依照春、夏、秋、冬四季順序來寫；倒著寫，就從冬季、秋季、夏季、春季倒回去寫，記敘文的寫法就像看一本「個人相簿」，從他現在的樣子往回看，一直看到他剛出生的模樣，叫做倒敘法；從他出生的模樣一路看到他現在的樣子，叫做順敘法。

示範

一片葉子

順序法六感描述：

・視覺：青綠色、嫩芽、變紅、變黃、凋零的落葉
・聽覺：沙沙的聲音、告訴
・嗅覺：清新的味道
・味覺：無
・觸覺：嫩芽、天氣轉涼
・心覺：涼爽、結束

順敘法：

春季，它還是青綠（視覺）的嫩芽（觸覺、視覺），散發清新的味道（嗅覺）；到了夏天，它長成一片成熟的葉子，炎熱的下午，聽見風吹過葉子發出沙沙的聲音（聽覺），覺得涼爽許多（心覺）；進入秋季，它開始變紅、變黃（視覺），告訴我們天氣開始轉涼了（聽覺、觸覺）；冬季，它就成了一片凋零的落葉（視覺），告訴我們一年就要結束了（聽覺、心覺）。這片葉子，記錄了一年四季的變化，就像一本大自然寫下的日記。

倒敘法：

·視覺：落葉、黃紅色衣裳、跳舞、芭蕾舞者、嫩綠的新芽
·聽覺：告訴我故事
·嗅覺：清新的香氣
·味覺：無
·觸覺：嫩綠的新芽、寒冷、躺在手中
·心覺：美麗、厲害、變成

我撿起一片落葉（視覺），它告訴我它的故事（聽覺）。它說自己還記得，秋天時它穿上那套黃紅色衣裳（視覺），是多麼美麗（心覺）；夏季，它跟著風一起跳舞（視覺），好像厲害的芭蕾舞者（心覺）；春天，它是嫩綠的新芽（觸覺、視覺），發出清新的香味（嗅覺）；但不知不覺就到了寒冷的冬天（觸覺、心覺），它變成了一片落葉（心覺、視覺），躺在我的手中。

課堂小作業

到花園中找到二種你想描述的對象，對它們進行觀察，並運用「順敘」和「倒敘」兩種方法，寫下你對它的記錄。

- 對象：
- 聽覺：
- 味覺：
- 心覺：
- 視覺：
- 嗅覺：
- 觸覺：
- 順敘法練習：
- 倒敘法練習：

第四階段

六感抒情文怎麼寫

情感的展現有「直接抒情」與「間接抒情」

抒情文，是一種抒發作者主觀感受與思想感情的文體。常用的抒情手法包括：「直接抒情」與「間接抒情」，「直接抒情」就是不藉任何事物手段，直接表達內心感情的寫作方式；「間接抒情」則是必須透過其他事物，間接表達內心感情的方式。而間接抒情又可分為「以物抒情」與「借景抒情」，「以物抒情」就是藉描寫物件的特點去聯繫個人感受，間接抒發內心感情的方式；「借景抒情」則是作者帶著主觀感情去描寫景物，間接抒發內心感情的方式。

以下，我以「一片葉子」作為「間接抒情」與「以物抒情」方法的示範：

示範

一片葉子

抒情文六感描述：

·視覺：乾枯的落葉、日出日落、強風大雨、星星、太陽、月亮、刺眼
·聽覺：聽它說故事
·嗅覺：芬芳的嫩芽
·味覺：無
·觸覺：乾枯、寒冷、炎熱
·心覺：溫柔寧靜、循環、改變

我撿起一片乾枯的落葉（視覺、觸覺），聽它說說它的故事（聽覺）。它說，日出日落、強風大雨、寒冷炎熱它都經歷過了（視覺、觸覺），我想問它那些我不知道的，比如：天上的星星到底有幾顆？爲什麼太陽這麼炎熱刺眼，而月亮那麼溫柔寧靜？（視覺、觸覺、心覺）爲什麼春夏秋冬四個季節，一直循環，不會改變？（心覺）又爲什麼，它從翠綠芬芳的嫩芽逐漸變成枯黃的落葉，不能再回到最開始的模樣？（視覺、嗅覺、心覺）

課堂小作業

試著以你選擇的對象，寫出一段符合六感的抒情文，選擇「直接」或「間接」其中一種表述。

- 對象：
- 視覺：
- 聽覺：
- 嗅覺：
- 味覺：
- 觸覺：
- 心覺：
- 抒情文練習：

1 移覺，又稱「通感」，就是感官互通，把各種「覺」交互移動，六感領域不分界線。依照錢鍾書的形容就是：「顏色似乎會有溫度，聲音似乎會有形象，冷暖似乎會有重量，氣味似乎會有鋒芒。」

PART

04

寫故事就像蓋房子

練會了，你就能寫故事。

第一階段

外觀結構

故事三元素——童話故事組合練習

想像此刻你身處一個沒有光線的空間，這裡好像一無所有，突然，光線從縫隙滲入，看見四周似乎有幾根高大的柱子，知道自己位在一棟建築物內；當更多的光線由外射進，你看見自己站在一個屋頂挑高、群柱環繞的空間，抬頭環視，圍繞你的是一層又一層的書架，原來你身處一間圖書館之中。

建築專家認為，一棟建築物最重要的結構就是「樑、柱、牆」這三項，有了健全的結構，遇到地震、火災才能保全居住者的性命。寫故事也像蓋房子，必須先建立一個堅實明確的結構，才能讓天馬行空的靈感跟思路想回家時，不因迷路而消失無蹤。

一個故事的「樑、柱、牆」就是「故事三元素」——人物、背景、情節。「人物」也稱為「角色」，是指出現在故事中的角色；「背景」指故事發生的場景，在一個故事裡可能會有好幾個場景；「情節」則是指「人物」在「場景」中發生的故事。

以下把三個童話故事，依照「故事三元素」方式，分成「基礎」、「混合」、「創意」三個階段做練習：

示範

基礎練習

依照故事「三元素」分析。

故事名稱	人物	背景	情節
小紅帽	小紅帽 大野狼 外婆 獵人	森林、外婆家	小紅帽告訴大野狼外婆家在哪，大野狼裝成小紅帽吃掉外婆，又裝成外婆想吃小紅帽，獵人殺了野狼救了小紅帽與外婆。
三隻小豬	三隻小豬 大野狼	豬大哥蓋的茅草屋、豬二哥蓋的木板屋、豬小弟蓋的紅磚屋	豬大哥、豬二哥為了求快和偷懶，分別蓋了茅草屋和木板屋，後來因為自己蓋的房子都被大野狼破壞了，就趕快跑到豬小弟的家求助，豬小弟將想從煙囪爬進來的大野狼燒得哇哇叫，趕走了大野狼。
放羊的孩子	放羊的孩子 村民 大野狼	山上的草原	放羊的孩子因為頑皮，故意二次高喊「狼來了！」來戲弄急忙趕來救他的村民，等到狼真的來了，不管他怎麼喊叫，再也沒人來救他了。

混合練習

組合以上三個故事中的角色、背景及情節，寫出一個新的故事。

・人物：大野狼、小紅帽、三隻小豬
・背景：森林、豬小弟的紅磚屋
・情節：三隻小豬和小紅帽都覺得大野狼很可怕，決定在豬小弟家開一間「防狼公司」研究打擊大野狼的方法。

創意練習

加入自己的想法，寫出一個故事大綱。

・人物（加入）：又餓又渴的大野狼，後來成為野狼的剋星
・背景（加入）：豬小弟的家中有一間生化實驗室
・情節（加入）：餓昏的大野狼，主動要求成為三隻小豬的研究對象。
・故事大綱：森林大火燒光了大野狼的家，大野狼好幾天沒吃東西，又餓又渴。大野狼快要餓昏了，主動要求三隻小豬以牠為研究對象，只要給他東西吃，他就告訴他們如何制止大野狼的攻擊。結果三隻小豬將這隻大野狼改造成一匹「生化狼」，成為野狼的剋星。

課堂小作業

找三個你熟悉的故事來玩一玩！

基礎練習： 依照故事「三元素」分析故事。

故事名稱	人物	背景	情節

混合練習：

組合以上三個故事中的角色、背景及情節，寫出一個新的故事。

・角色：

・背景：

・情節：

創意練習：

加入自己的想法，寫出一個故事大綱。

・人物（加入）：

・背景（加入）：

・情節（加入）：

・故事大綱：

第二階段

大結構

運用結構，蓋出你的故事屋

艾瑞克・柏克（Erik Bork）在《想清楚，寫明白好的影視、劇場、小說故事必備的七大元素》（The Idea: The Seven Elements of a Viable Story for Screen, Stage or Fiction）一書中的第二章「好故事正如一場精彩賽事」單元裡，談到一場精彩運動比賽所具有的「七種特質」

一、這場比賽難度很大——主角面對難纏的對手，而且實力懸殊。

二、主角個性吸引人——遭遇逆境，但擁有積極向上的性格特質。

三、比賽的風險很高——比賽結果將影響整個團隊的發展、主角或某名運動員的未來，此時出現一個難得的獲勝機會。

四、出現意外——面臨意外困境與複雜情勢，缺乏領先優勢，又無法逃避比賽。

五、在比賽快結束前，比數嚴重落後。

六、我方球隊後來居上，出現臨門一腳。

七、因為主角的努力，讓球隊抱著熱情堅持到底，從無數危機中振作起來，持續朝目標邁進。

作者也認為一個好故事同樣包含以上這幾項特質。這七個特質又與「故事行銷七步驟」——「問題、主角、計畫、導師、行動、選擇、結果」非常相近，以下就利用這七個步驟來進行「運動小品」組合練習。

結構一：賽事七階段——運動小品組合練習

現在以「班級」、「戶外」、「運動現場」為背景，以自己為模型，創造出一個英雄角色，再運用這七個概念「主角、問題、導師、計畫、行動、選擇、結果」寫出故事大綱。

示範

・主角：喜歡打籃球的我
・問題：在球場上遇到強勁對手，一直蓋我火鍋，讓我無法投球
・導師：這時教練喊停
・計畫：教練告訴我們他最新的策略
・行動：大家同心協力，為我抵擋對手的攻擊
・選擇：我趁著對手沒注意時，快步上籃
・結果：終場笛音響起，我為我們隊拿下致勝的兩分

課堂小作業

換你試試看：

- 主角：
- 問題：
- 導師：
- 計畫：
- 行動：
- 選擇：
- 結果：

再試著把這些元素組合，轉換成一篇三百字的文章。

結構二：起、承、轉、合→故事的公式

編劇作家許榮哲在著作《小說課II：偷故事的人》裡，記述自己從台視資深編劇老師學到的第一堂課是「故事的公式」。那位七十多歲、擁有三十多年編劇經驗的老師說，他只要問「七個問題」，就可以在三分鐘之內說出一個「有開頭、有結尾、有衝突、有轉折」的完整故事。這七個問題是：

・問題一：主人翁的目標是什麼？
・問題二：他的阻礙是什麼？
・問題三：他如何努力？
・問題四：結果如何？（通常是不好的結果）
・問題五：如果結果不理想，代表努力無效，那麼，有超越努力的「意外」可以改變這一切嗎？
・問題六：意外發生之後，主人翁的目標起了什麼變化？
・問題七：最後的結局是什麼？

把上面的七個問題簡化之後，就可以得到「故事的公式」：

1. 目標

2. 阻礙
3. 努力
4. 結果
5. 意外
6. 轉彎
7. 結局

編劇小說家李洛克，則將大家熟知的「起、承、轉、合」四段式結構與「故事的公式」做比對：

起：目標
承：阻礙、努力
轉：結果
合：意外、轉彎、結局

接下來，我以「一個台灣女生去日本自駕看日出，因為睡眠不足加上不熟悉右駕，差點開下山崖」的故事，分別以「起、承、轉、合」法與「故事的公式」，示範如何建立故事結構，藉此讓大家了解「故事的公式」能夠將故事過程的細節描述得更加細緻。

題目：災難發生時

「起承轉合」法：

起：聽到鬧鐘響，迷迷糊糊睜開眼睛，發現天還沒亮。
承：坐上駕駛座，對車況很不熟悉，但還是開上路，往山上駛去。
轉：將車子從斜停在山上的車位倒退再轉彎，卻一直無法成功。
合：幾乎將車子開下山崖，大家在車外為我捏把冷汗，最後終於想起來如何操作，順利將車子開下山。

「故事的公式」：

目標：將車子開上山賞日出，之後再開下山。
阻礙：日本道路是右駕、睡眠不足。
努力：將開車的協調性找回來。
結果：停好車，卻開不出來。
意外：無法操控車，差點掉入山崖。
轉彎：多次操作，終於取得協調。
結局：平安將車開下山，虛驚一場。

課堂小作業

現在，以「災難」為主題，先做大綱設計練習，再寫出三百字故事。

起承轉合：

・起：

・承：

・轉：

・合：

故事的公式：

・目標：

・阻礙：

・努力：

・結果：

・意外：

・轉彎：

・結局：

第三階段

細部結構

英雄時鐘——冒險故事組合練習

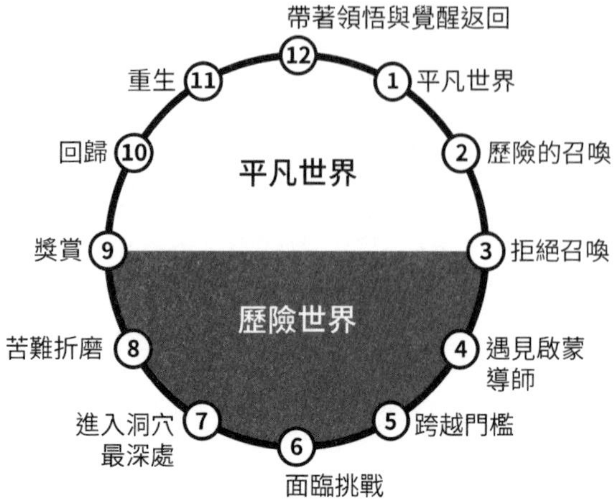

用「英雄之旅十二階段」寫作文

二〇二〇年始，我嘗試用由美國電影編劇顧問克里斯多夫·佛格勒（Christopher Vogler）所寫的《作家之路——從英雄的旅程學習說一個好故事》（The Writer's Journey: Mythic Structure For the Writers, 3rd Edition）所提出的「英雄之旅十二階段」理論，教授小二至國二的學生寫作文。

「英雄之旅」這個概念，來自美國神話學家約瑟夫．坎伯一九四九年出版的著作《千面英雄》。坎伯認為所有故事的敘述都依循著某種「古代神話」的模式，這種敘述的模式為：「一個英雄從平凡世界進入冒險世界，得到了神話般的力量，取得決定性的勝利後，帶著某種能力從這個神秘的冒險中回來，和他的族人共享利益」。而這種敘事模式，可分成三大部分：啟程、啟蒙和回歸。

克里斯多夫．佛格勒在著作《作家之路》中，以坎伯的「千面英雄」概念為架構，結合榮格心理學，提出「英雄之旅的十二個階段」理論。他認為在神話、童話、夢境及電影中內含某些基本元素，這些元素可分為十二階段，他稱其為「英雄之旅」。

回想孩童時期的閱讀經驗，幾乎都是由「故事」開始：從童話、神話、奇幻歷險小說，一直到繪本、漫畫、動畫、電影、電玩，都是「故事」。我們卻很少想過，由孩童習慣的「故事」過渡到「作文」——在這兩者之間，家長或老師需要提供什麼樣的協助？

我建議採取「以故事開始，將作文故事化」的方法進行。

我往往以「齊天大聖孫悟空」的故事，作為第一堂課的內容。他大鬧龍宮、地府、天庭，面嗆玉皇大帝「如此無能！不如帝位換人做做看！」繼而誇口自己一定能逃出如來佛的手掌心，結果大輸，被壓在五指山下五百年。經過觀世音菩薩的渡化，與唐僧與豬八戒、沙悟淨、白龍馬一行到西天取經，一路斬妖除魔，功成之後被封為「鬥戰勝佛」。

我認為孫悟空這一路「從魔成佛」的過程，十分貼近克里斯多夫·佛格勒「英雄旅程十二階段」架構：

- 一點鐘：平凡世界—花果山當美猴王。
- 二點鐘：歷險的召喚—太白金星邀請他到天庭任官。
- 三點鐘：拒絕召喚——覺得擔任「弼馬溫」是個侮辱，放走天馬回到花果山。
- 四點鐘：遇見啟蒙導師——大鬧天宮後，如來佛與他打賭，如果能逃離其手掌心便能在天庭稱王。
- 五點鐘：跨越門檻——被壓在五指山下五百年後，唐三藏揭去符咒，孫悟空答應隨同唐僧西天取經。
- 六點鐘：面臨挑戰：觀世音菩薩教唐僧緊箍咒，騙孫悟空戴上緊箍，以咒語控制孫悟空。
- 七點鐘：進入洞穴最深處——孫悟空常需營救被妖怪捉去的唐僧與師弟，有時候自己也會身陷險境。
- 八點鐘：苦難折磨——孫悟空斬妖除魔，屢屢被師父認為此舉殃及無辜而責難，兩次被師父驅離。

・九點鐘：獎賞——歷經八十一難，師徒四人到達西天雷音寺，取得佛經。

・十點鐘：回歸——孫悟空師徒回到靈山如來佛祖前，四人連同龍馬，一同修得正果。

・十一點鐘：重生——孫悟空想起自己頭上的緊箍，原來取經之路完成後，箍已自動消失。

・十二點鐘：帶著領悟與覺醒返回：四人得到如來佛的封號，孫悟空成為鬥戰勝佛。

課堂小作業

以「英雄之旅十二時鐘」練習拆解分析一篇希臘神話故事。

酒神戴歐尼修斯 Dionysus 的故事

戴歐尼修斯的母親是底比斯公主，施美樂，父親是宙斯。宙斯瘋狂的愛上她，甚至到守誓河（位於陰間）立了誓，答應滿足她的任何要求。不過宙斯的妻子赫拉非常善妒，她對施美樂施了一個魔咒，讓施美樂告訴宙斯，自己想親眼看見天神們盛裝的風采。

宙斯知道凡人一但看了他的盛裝絕對活不了，但他無計可施，他已經在守誓河邊立下了誓言。他只好依照施美樂的要求現身，當她面對炙人的強光那一刻便死亡了。宙斯搶下她即將出世的胎兒，並將胎兒藏了起來，不讓赫拉發現。荷米斯（天界的使者）把嬰兒帶去給尼莎谷的仙女撫養，這個嬰兒就是戴歐尼修斯。

戴歐尼修斯不曾見過他的母親施美樂，因爲思母心切，他大膽地下到陰間去尋找母親。他找到母親之後，便向死神挑戰，要死神放了他母親。他帶回母親之後，沒有將她安置在人間。他帶母親到奧林帕仙境。眾神答應接納她，因爲她雖然是凡人，卻是酒神的母親，有資格跟眾神住在一起。戴歐尼修斯是最後進奧林帕斯仙境的神明，而眾神中也只有他的母親是凡人。

戴歐尼修斯長大以後，流浪到遙遠的異鄉。他到處教人種葡萄，傳授祭拜酒神的聖禮，各地人民都把他奉爲神明。最後，他流浪到自己的家鄉附近。

有天，一艘海盜船由海面駛來，海盜們看見了海岸上的戴歐尼修斯，見他衣飾華貴、氣度不凡，看起來像是有錢人家的孩子，如果將他綁架，父母想必出得起大筆瀆金。於是海盜們跳上岸來抓他。他們想把戴歐尼修斯用粗繩子綁住，可是沒想到繩子一碰到他就斷裂了，戴歐尼修斯只是含笑地看著他們。

只有舵手明白這是怎麼回事，他說這人一定是神明，要大家趕快放了他，否則會惹來致命的災禍。船長笑舵手是傻瓜，沒有理他，叫船員趕快揚帆出海。但是船一動也不動，奇蹟一件一件的發生，突然，酒液在甲板上四處流動，船帆上長出了結實纍纍的葡萄藤蔓，而一株開著花朵的藤蔓纏著桅桿。海盜們嚇壞了，忙著叫舵手靠岸，不過已經太遲了，戴歐尼修斯變成一頭兇猛的獅子，海盜們看了嚇得紛紛跳下海，一掉進海裡他們就變成了海豚，只有那位舵手例外，酒神對他特別開恩。

・看完上篇文章，請依序分段整理出英雄時鐘的十二階段：

第四階段

蓋一棟房子

運用英雄時鐘，建立你的故事大綱

我鼓勵大家試著將童話故事、DC、漫威（Marvel）系列、探險偵探類小說，以英雄旅程十二階段來切分成相應的段落。這個嘗試已有許多人做過，在YouTube頻道上也可以搜尋到。但重點是，我們如何利用這個模式來幫助自己寫作文？

「英雄之旅」這種結構，非常適合「類運動」（各種有名次高低的運動比賽、競技比賽、表演比賽、成績排名……）的主題寫作練習。

比如這個題目：「難忘的一天」，你應該怎麼設計呢？

先試著把「這一天」分成十二階段。

示範

．一點鐘：身處平凡世界——我以為這是一個平凡不過的日子，嗅不出一點「難忘」的徵兆。
．二點鐘：歷險的召喚——突然講臺上的老師宣佈今天舉行抽號碼參加作文比賽，我竟然被抽到。
．三點鐘：拒絕召喚——我頓時腦筋一片空白，全身冒冷汗，很想馬上昏倒，到保健室休息。
．四點鐘：遇上導師——班導看到我的臉色怪怪的，拍拍我的肩膀，給我一個溫暖的鼓勵。
．五點鐘：跨越第一道門檻——我拖著腳步走向比賽的教室，希望永遠不會走到，但還是走到了。
．六點鐘：試煉、盟友、敵人——我看見隔壁班的好朋友也坐在這間教室裡，心裡生出了一點安全感。
．七點鐘：進逼洞穴最深處——老師宣布作文題目是「難忘的一天」，我覺得胃在翻攪，很想吐。
．八點鐘：苦難折磨——看著其他人振筆疾書，我決定拿起筆來，寫出我對今天的感受。
．九點鐘：獎賞——沒想到愈寫愈順，很快寫完第一張稿紙，還舉手要第二張繼續寫。
．十點鐘：回歸之路——老師說時間還剩下五分鐘，請把握時間時，我發現自己可能寫不完。
．十一點鐘：復甦——深吸一口氣，整理一下思緒，我檢視完前面寫的段落，下了結尾。
．十二點鐘：帶著領悟與覺醒返回：出了教室，我好像得到一個寶物，我知道，我再也不怕寫作文了。

課堂小作業

以「難忘的一天」為題，利用「英雄之旅十二階段」把「這一天」分成十二階段：

1點鐘平凡世界：

2點鐘歷險的召喚：

3點鐘拒絕召喚：

4點鐘遇見啟蒙導師：

5點鐘跨越門檻：

6點鐘面臨挑戰：

7點鐘進入洞穴最深處：

8點鐘苦難折磨：

9點鐘獎賞：

10點鐘回歸：

11點鐘重生：

12點鐘帶著領悟與覺醒返回：

試著再把它轉換成一篇四百字的文章。

附錄：

布萊克·史奈德（Blake Snyder）在《先讓英雄救貓咪2》（Save The Cat! Goes to the Movies: The Screenwriter's Guide to Every Story Ever Told）第二章「英雄的旅程」中，談到英雄的旅程有三大元素：

一、旅途：不管是跨越海陸空還是穿梭時空，只要主角有成長就好。

二、團隊：只有一個夥伴也行，夥伴通常會具有主角沒有的特質或技能，主角很需要夥伴的指引與協助。

三、獎賞：通常是很原始的願望或目標，例如：勝利、獲得寶物、平安回家。

在書中第五章「成長儀式」中，他列出「英雄旅程」三大必備元素：

一、人生困境：面對困境，跌落谷底

二、錯誤的解決之道：以為找到解決問題的方法，其實是一種逃避心態。

三、坦然接受問題：接受痛苦的真相，獲得美好結果，領略成長的苦與甜。

PART

05

從六感到移覺摹寫

移覺摹寫是藏著寶藏的洞穴，

靈感的泉源從此而來。

第一階段

善用六感寫作，讓文字呈現畫面

打開記憶寶盒，找到下筆線索

我文字創作的啟蒙老師，是我的母親，她是一位說故事能手，一首首唐詩、宋詞、元曲從她口中徐徐吟出，就能變成一幅又一幅意象鮮明的畫面。既然文字經過「說書人」精妙的詮釋，可以從「平面」走向「立體」；一道作文題經過老師的帶領，也可以從孩子們的心和眼，經由手中妙筆耕耘成一片繽紛花田。

覺得作文很難的孩子們有一個共同困擾，就是看到題目時「腦筋一片空白，不知從何下筆」。在寫作前找不到下筆的線索，就像警探不知如何破案、編織者找不到毛線團的線頭，會覺得氣餒、鬱悶，感覺頭腦快要爆炸了。

此時，我給的建議就是：

一、發揮「聯想力」，挖掘你的「記憶資料庫」。
二、「換個角度」再想想。
三、走進自己創造的「故事」裡，扮演不同角色。

這個「故事」的開頭，就是「第一眼」看到題目時腦中出現的畫面。

比如題目是「我最喜歡的季節」。你看到「季節」兩個字、看到「最喜歡」三個字，你的腦中出現什麼畫面？有幾位小朋友說最喜歡「夏季」，我問為什麼？他們說：「因為夏天可以吃冰淇淋、吃西瓜」、「可以吹冷氣」、「可以玩水」……，請把「在很熱的夏天裡，媽媽從冰箱拿出冰冰涼涼的西瓜，我迫不及待拿了一塊還在冒著沁涼白煙的西瓜，大口咬下」這個過程寫下來，再把咀嚼瓜肉時那種「汁液四濺」、「透心涼」的感覺寫下來，以文字告訴大家，你是多麼享受這個季節為你帶來的快樂。

寫作文的要訣，是把「自己」對題目的感受寫出來。要這麼做，必須先想像自己正對著一群人侃侃而談，大家聚精會神聆聽你的介紹——你是唯一主角，站在舞台上，以你充滿「六感」的話語喚醒筆下的人、事、物，讓他們重新具有生命，活生生地在台上搬演你創造出來的故事。

運用六感寫出你的經驗故事

記得我們在第二單元的「練習一」曾做過的六感練習嗎？將我們的生活經驗，以生動詳實的文字記錄下來，真的一點都不難！讓我們先觀摩一下他人的作品。

作品觀摩

紹恩／七年級

視覺：炒菜
聽覺：鍋鏟的敲擊聲、熱油滋滋聲
嗅覺：蒜頭爆香味
觸覺：滾燙的熱油
味覺：菜葉脆脆的
心覺：完美、分享的喜悅

我從冰箱拿出小白菜，清洗完畢瀝乾水，先把蒜頭和油先下鍋爆香，約莫過了幾秒後，再把小白菜放進炒鍋裡，剎那間，滋滋聲響起，熱油也開始狂噴，我把鍋子向前傾，以免噴到自己，可還是晚了一步，噴到手臂上的幾滴熱油燙得我哇哇叫，趕緊蓋上鍋蓋去沖冷水。十幾秒後，我把菜翻了翻，避免下方的菜燒焦，再把鍋蓋蓋上後等一等，大約二十秒之後打開，加了一點鹽巴，檢查一下菜熟透了沒，我嘗了一口，脆脆的，感覺非常完美！我把它端上餐桌，和大家一起分享。

課堂小作業

將你在生活中感受到的六感體驗列出，再整理成一篇三百字的文章。

第一步　六感描述

・對象：

・視覺：

・聽覺：

・嗅覺：

・味覺：

・觸覺：

・心覺：

第二步　寫成三百字文章

第二階段

過去、現在、未來的跳躍練習

找到打開記憶寶盒的鑰匙

一步一步感受當下，讓腦海中浮現過去難忘的回憶，和對未來的想像。讓我們在「過去、現在、未來」這個橫軸上，進行幾次「穿越時空的跳躍練習」，你就能清楚了解時間的「線性邏輯」：正因為有「過去」，才有「現在」與「未來」。

接下來，我們將「故事三元素」再加入「時間」元素，做個練習。

比如：「一個感動的時刻」這種題目要怎麼寫？

可以先從我剛剛說過的三個步驟開始：

步驟一、發揮聯想力，挖掘你的「記憶資料庫」：

看到「感動」這個詞，你第一個想到的畫面是什麼？是媽媽擁抱著小時候的你哄你入睡嗎？是受傷跌倒時，有位同學拉你一把，扶著你到保健室嗎？還是在你感覺孤獨時，有一個朋友願意陪伴你，為你打氣？

那曾經讓你難以忘懷的瞬間，就像珍藏已久、塵封許久，鎖進記憶寶盒的紀念品，直到一把鑰匙突然打開了它，你才再度想起。找到一個打開寶盒的「鑰匙」非常重要，這把鑰匙，就是串聯現在與過去的「特殊時刻」。

想一想，什麼是重新串連「現在」與「過去」的特殊時刻？

是一個斜陽透過窗戶照在地板的下午？

是一個烏雲密佈，雨聲簌簌的雨天？

還是一個蟬聲噪天、暑熱難耐的夏日？

時間	人物	背景	情節
五歲	媽媽	怕黑的晚上	媽媽哄我入睡
四年級	同學	在操場跑步	跌倒受傷，同學陪我去保健室
五年級	朋友	在我覺得孤獨沮喪的時刻	陪我聊天、為我打氣

將你的記憶資料庫以時間、人物、背景、情節列表整理

課堂小作業

試一試，找到那把「關鍵的鑰匙」。

時間	人物	背景	情節

步驟二、「換個角度」再想想：

一個記憶中的時刻，也像沉在記憶大海深處的寶物箱，等待尋寶人的探索與開啟。想要挖掘記憶中的「寶物」，就必須成為一個專注細心的探勘者與研究者，把事情的前因後果、細節紋理盡可能描述出來，才能讓這個時刻變成一個「凝住不動」的永恆場景。

先問自己「為什麼」感動？

這個「畫面」、這種「感覺」，發生在「什麼時候」？

你可以**使用「5W1H」思考法，幫助自己建立故事「細節」**。

示範

時間	人物／背景／情節
以 Who 為主	媽媽和五歲的我 爺爺、奶奶、外婆
以 What 為主	媽媽教我背誦一首有關黃昏的唐詩 全家觀賞夜裡盛開的曇花
以 When 為主	黃昏時， 夕陽斜照入屋
以 Where 為主	老家 （現已不存在）
以 Why 為主	唐詩讓我回憶起童年
以 How 為主	詩中的「黃昏」，勾起我對童年與親人的思念

夕陽與黃昏

「夕陽無限好，只是近黃昏。」讀到這詩句，總讓我想起無數個傍晚，媽媽抱著我坐在一張椅子上，展開《唐詩三百首》的書頁，一字一字指著詩句帶著我誦讀。夕陽斜斜照進木地板，在金黃色的光線裡看得見小小的粉塵，如同小精靈上下翻飛。

我一邊聽著，一邊伸手探向金黃光，把手指頭染成金金的，眼前的斜陽逐漸與古代的夕照重疊了。同樣耀目金黃的時刻，內心沉鬱的詩人駕著車在遼闊的原野上奔馳，沿途與偏斜的日頭競速著，想要在日輪西沉之前抵達最佳瞭望點，當他佇立山頭俯視天地遼闊，雖有滿心暢快，卻感到「良辰美景容易逝」的遺憾。

五歲的我似懂非懂，在心底問：「為什麼黃昏不好呢？」黃昏挺好的啊，今日讀了這首詩，明日黃昏再跟媽媽讀下一首；肚子咕嚕咕嚕叫，聞到廚房傳來了飯菜香，好期待啊；走到院子，看見夕陽為那株昂起頭的曇花勾了漂亮的金邊，媽媽說它今夜就要綻放，外婆也會來觀賞。

一晃眼童年已逝。夕陽依舊在，黃昏，卻留在相冊與回憶裡。

課堂小作業

換你來試試：

使用「5W1H」思考法，幫助自己建立故事「細節」。

時間	人物／背景／情節
以 Who 為主	
以 What 為主	
以 When 為主	
以 Where 為主	
以 Why 為主	
以 How 為主	

步驟三、走進自己創造的故事裡，扮演不同角色：

六感練習只是開頭。想要將文章寫得精彩，就必須為它設計「故事情節」，讓作文「故事化」，經營它豐富它，讓它長出屬於自己的生命。

課堂小作業

練習一：明月

詩人寫明月，常常將它擬人化：「舉杯邀明月，對影成三人」、「深林人不知，明月來相照」，明月就像一位知心老友，讓孤獨的人不再感到寂寞。現在試試以「故事三元素」為基礎，寫出一個關於月亮的二百字故事。

- 角色：
- 背景：
- 情節：
- 你的故事：

課堂小作業

練習二：花朵和鳥

「感時花濺淚」一朵花會因感受到離別之苦而落淚，「好鳥枝頭亦朋友」樹上啁啾鳴叫的小鳥，也是了解我的好朋友。若花朵和鳥兒是你的好朋友，懂你的心情，你會為他們寫出一個什麼樣的故事？

・角色：

・背景：

・情節：

・你的故事：

第三階段

移覺摹寫——感覺的移轉

六感與「移覺摹寫」技巧的運用

何謂「移覺摹寫」？就是「打破六感的界線，讓感覺之間能夠互通」，這樣解釋好像有點難懂，其實生活中我們常常用到，比如「她的笑容好甜」、「這句話聽起來有點酸」，「甜」和「酸」本來是「味覺」，在這裡已轉成「心覺」了。

民國初年有一位作家、文學評論家錢鍾書這麼解釋「移覺摹寫」：

「在日常經驗裡，視覺、聽覺、觸覺、嗅覺、味覺往往可以彼此打通或交通，眼、耳、舌、鼻、身，各個官能的領域可以不分界限。顏色似乎會有溫度，聲音似乎會有形象，冷暖似乎會有重量，氣味似乎會有鋒芒。」

記得第二單元的「六感心智圖」嗎？其實這個心智圖就是「移覺摹寫」練習喔！現在我們換一種玩法：先選擇一種「感官」為主角，其他感覺為配角，再寫出充滿想像的描述。

示範

以「視覺」為主角，先寫出六感，再把它變成一段文字。

黑（視覺）─森林中的聲音（聽覺）─薄荷（嗅覺）─沁涼（味覺）─薄薄的水霧（觸覺）─寂靜與熱鬧（心覺）

夜晚帶來了寂靜的黑（視覺轉聽覺），但如果細細聆聽，夜晚絕對不是寂靜的。夜梟在樹林間睜著大眼，呼嘯著交換它們才懂的暗號，此起彼落，彷若一閃一亮的星（聽覺轉視覺）。夜晚的溪流也不曾停歇，它們涓涓順流，紡織著一匹又一匹銀白的絲練，升起薄薄的水霧，噴發著如薄荷的沁涼（聽覺轉視覺，再轉嗅覺、味覺、觸覺）。夜晚的山林瀰漫著水氣濃濃的低語（嗅覺轉觸覺轉聽覺），樹木與樹木間無聲的對話隨著夜風在林間纏繞（聽覺轉觸覺），夜行的動物張著雙耳，從對話中聽見大雨將至、狂風欲來的訊息，便敏捷地移往安全區域去了。

誰說夜晚是寂靜的？林中的夜晚，可能比白天更熱鬧呢。

課堂小作業

於六感中選擇一覺，以它為主角，寫出六感移覺摹寫：

主角	視覺	聽覺	嗅覺	味覺	觸覺	心覺
轉視覺						
轉聽覺						
轉嗅覺						
轉味覺						
轉觸覺						
轉心覺						

．移覺摹寫文章：

第四階段

設計屬於你的故事

拿著關鍵鑰匙，打開「記憶寶盒」

如果以「故事三元素」的分析法來解釋，「六感」和「移覺摹寫」像是故事的「背景」，而故事「情節」如何發展，就看「人物」如何拿著「關鍵的鑰匙」去打開那串起「過去、現在、未來」的「記憶寶盒」。請看以下的示範：

示範

橡皮擦

我有一個橡皮擦，是爸爸送我的。

爸爸的工作是到台灣與離島各地做土地測量規劃與製圖，所以他擁有許多專業的製圖文具，這些文具在幾十年前非常少見：比如一支可以同時裝多色筆芯的彩色筆，一盒有著可愛圖樣的日本色鉛筆，我都好喜歡，卻從不敢開口要。

有天，他帶回一塊橡皮擦：水藍色的紙裝上畫著一位帶鋼盔的武士，尺寸比日本蜻蜓牌橡皮擦大上許多。這塊曾經陪著爸爸工作的橡皮擦，後來陪著我度過快樂的童年和青澀的國高中歲月，以及爲愛情與工作感到困惑的大學與研究所時期。它總躺在我的桌邊，陪我在夜燈下苦讀，看我在稿紙、筆記本上塗塗寫寫，爲我擦去多餘與錯誤，從不對我說一句責備的話。

後來我在文具店也看到與它一模一樣的橡皮擦，但我的那塊，卻是獨一無二的：它是我逝去的童年、我好奇的異國世界，和爸爸對我濃濃的愛，我永遠記得與它初見時，爸爸眼中盈盈的笑意。

謝謝你，親愛的橡皮擦。

練習的要訣

一、以「六感」方式描述這個物品。
二、記錄這個物品從何時開始與你產生關係？
三、想想你跟這個物品之間有什麼故事？
四、檢視這個物品在你的回憶中產生什麼樣的意義。

課堂小作業

換你來試試：

- 物品：
- 關聯：
- 故事：
- 意義：
- 你的故事：

PART

06

詠物、寫景、抒懷：

三個必殺技

手把手解析文學大家的武功祕笈

經過六感寫作技巧練習，完成了「六感故事」，是不是感受到內在那如同孫悟空般充滿靈氣與創意的寫作力呢？這股旺盛的寫作力不斷湧現，證明你的想像力無比巨大、無窮無盡，就像孫悟空般不受束縛、法力無邊。但創作者也須同時扮演一位給予想像力清楚規則的「全能者」，以「燈光聚焦」、「顯微攝影」的方式，鉅細靡遺地觀察這個對象，不只觀察「外觀」、「內裡」，還能看見經由想像力給予它的「超乎尋常」！

以下將介紹「詠物」、「寫景」、「抒懷」這三個寫作必殺技，好好使用這三個妙方，便能讓你的寫作力升級跳躍，讓筆帶你去你想去的地方。

第一階段

使用技巧說明

三招必殺技，貫通你的文學思路

詠物

可分單純描寫事物外觀與習性的「直接詠物法」，或是藉詠物來寄託作者情懷的「抒懷詠物法」兩種。

第一種「直接詠物法」，以這首〈詠鵝〉為例：

〈詠鵝〉駱賓王

鵝鵝鵝，曲項向天歌。
白毛浮綠水，紅掌撥清波。

在這首詩中，我們不但聽見鵝的鳴叫聲，更看到牠優雅的動作與形態。作者以文字當顏料，展現一幅鵝兒戲水的畫作。

第二種「抒懷詠物法」，以宋代理學大家周敦頤的代表作〈愛蓮說〉為例：

「予獨愛蓮之出淤泥而不染，濯清漣而不妖，中通外直，不蔓不枝，香遠益清，亭亭淨植，可遠觀而不可褻玩焉。」

（節錄周敦頤〈愛蓮說〉）

作者觀察蓮花的習性，說它生長在水裡的泥濘中，卻不受骯髒的泥巴污染，縱使晶瑩剔透的水珠落在蓮葉與花瓣上，它也不因此顯得妖媚婀娜。作者借蓮花的生長習性，說明他理想中的「君子」應該具有清楚的判斷力，不被品德不佳的風氣所影響。

蓮花的莖幹中空而直立，就像一位有德性的君子，為了追求正道不畏艱困，學問上永保謙虛求知的態度。蓮花的清香，遠遠就能聞到，它一塵不染，長在水中亭亭玉立，適合有距離地觀賞，不適合放在手中把玩。

作者對蓮花的觀察與記錄，就是作者對「君子」人品的要求與期盼，這便是「抒懷詠物」的寫法。

課堂小作業

專心觀察一樣物品，就像為它畫一幅素描，記得要把細節描繪地一清二楚。試試看，以「直接詠物法」分別描寫以下對象：

- 練習一：一片樹葉。
- 練習二：一個微笑。
- 練習三：一首歌。

小小提醒：不要忘記運用「六感」和「故事三元素」喔！

如果你有興趣，也可以使用「抒懷詠物法」練習同樣的題目，你將會發現這些對象背後，藏著有趣的故事喔！

寫景：描寫現實或想像中的景色。

清代文學評論家王國維，在《人間詞話》中對於「現實」與「想像」曾經這樣界定：「有造境，有寫境，此理想與寫實二派之所由分。然二者頗難分別。因大詩人所造之境，必合乎自然，所寫之境，亦必鄰於理想故也。」

「造境」是依據想像去創造，「寫境」是依據現實來描寫。其實這兩者很難嚴格區分，因為好的創作者的造境必定「合乎自然」，寫境必然「充滿想像」，用一句話總結：好作品會讓讀者感到「真假難分」。

來看看在唐代詩人王維的作品，他的作品獨樹一格，他寫境（景）亦造境（景），彷彿他已成為風景中的一員，幻化為通曉自然之趣的精靈。比如這一首詩：

〈鳥鳴澗〉王維

人閒桂花落，
夜靜春山空。
月出驚山鳥，
時鳴春澗中。

語譯

心情閒適的時候，看見山裡的桂花自開自落，感受天地既有情又無情，讓如此美好的芬芳與雅致任意生滅。夜深的春山，彷彿比白日更加空曠寂靜。月亮從雲層探出頭來，清澈明亮的月光灑入林間，竟驚動了早憩的鳥兒，以為天已破曉，便群起啁啾，鳴叫聲低迴在寂靜的春夜澗水之上。

王維運用「以動襯靜」的手法，讓「花落、月出、鳥鳴」呈現出具有「動感」的畫面，要有多麼寧靜的心，才能看見這般景緻。假如，當下你的心很沉靜，就算身邊人聲鼎沸，車馬喧囂，你還是能聽見鳥兒微細的鳴叫，分辨出清雅的花香，就像王維觀賞桂花落下的姿態，甚至聽見花瓣落到泥土上的聲響，因為他的心很靜，六感全開，便能感受夜裡山中如此寧靜。

也許因為現代生活緊湊，我們無法像王維那樣徜徉於自然，但自然與我們心裡的距離，其實並不遠。

課堂小作業

回想一下，你是否曾在某個時刻感受到教室外、操場裡的花落和鳥鳴？或在某個傍晚，經過種著樹蘭或桂花的圍籬，感受到空氣中飄散著一股特別的清香？晚上睡覺前，關上燈，坐在你的房間裡感受黑夜的寂靜，記下你的六感感受。

- 某個時刻的六感：
- 黑夜的寂靜六感：

抒懷：藉著詠物與寫景，抒發自己的情懷。

從詠物、寫景到抒懷，這是分不開的金三角。一篇文章的靈魂，是作者對萬事萬物的感受。同樣的事物與景色，也許對他人並不特別，卻因感動了作者而有了不同的生命，作者讓這些對象有了被記錄、詮釋的機會，這些對象也因為遇到作者，重新長出了不同的面相，擁有了特別的意義。讓我們看一看唐代詩聖杜甫進行的示範：

〈旅夜書懷〉杜甫

細草微風岸，危檣獨夜舟。
星垂平野闊，月湧大江流。
名豈文章著，官應老病休。
飄飄何所似，天地一沙鷗。

語譯

夜風吹拂著江岸的細草，立著高高桅杆的小船孤零地停泊著。星星垂掛在寬闊的平野盡頭，月影隨著江上水波緩緩湧動。難道我是因為文章寫得好而名滿天下？年老多病的我，早應該辭官退休了。到處漂泊的我像個什麼呢？應該就像天地間的一隻孤單的沙鷗吧。

這首詩一開始「寫景」再「抒懷」，最後以「詠物」結束。如果以「故事三元素」法來分析，作者先建立了故事的「背景」，描繪一艘小船停泊在水流豐沛的大江與廣闊的原野旁，藉著景色讓我們看見了詩人心中的孤寂感。然後進入故事的「情節」，原來他對自己的人生懷有回顧與感嘆：就算過去擁有極高的知名度，現在又如何？還不是到了該辭官回鄉的衰老中年？最後是「人物」（角色），他以眼前看見的沙鷗為對象，描繪了自己對瀟灑不受拘束的盼望：我若能像那沙鷗一樣在天地間翩然翱翔，該有多好？

課堂小作業

想一想，六感視、聽、嗅、味、觸、心，與情緒喜、怒、哀、樂有何關聯？說一說，有哪些感覺會影響你的情緒？

第二階段

經典作品分析

三個必殺技與故事三元素的結合

主題一：寫景練習

故事三元素的「背景」元素在故事中具有三個功能：一、讓角色具體呈現。二、製造相關氣氛。三、鋪陳情節的發展。以下，我們以陶淵明的〈桃花源記〉作為分析的文本：

晉太元中，武陵人，捕魚爲業，緣溪行，忘路之遠近；忽逢桃花林，夾岸數百步，中無雜樹，芳草鮮美，落英繽紛；漁人甚異之。復前行，欲窮其林。

故事發生在晉朝，有個漁夫沿著溪流划著船，無意間闖入一片美麗的桃花林，因為那裡景色太美，不知不覺愈往深處划去，他想看看這片桃花林的盡頭到底長什麼樣子？

這段「寫景」描述引起讀者的好奇，也想跟著漁夫去一探究竟，於是展現了「製造氣氛」與「鋪陳情節發展」兩種功能。

林盡水源，便得一山。山有小口，彷彿若有光，便舍船，從口入。初極狹，才通人；復行數十步，豁然開朗。

漁夫划到桃花林的深處，原來那是溪流的源頭，那兒有座山，山壁鑿開了一個小洞，從洞中透出了光線。他下了船爬進那個小洞，一開始只有一個人可以通過的寬度，走了數十步後，路突然變得寬闊了。

看到這兒，每個人一定都想知道，漁夫接下去會看到什麼？

主題二：視覺摹寫

根據日本色彩學者野村順一研究發現：人類感官吸收訊息的比例依序為：視覺87%、聽覺7%、觸覺3%、嗅覺2%、味覺1%，可見視覺的重要性。六感中的「視覺摹寫」，就是透過文字描寫，將眼前畫面傳達給讀者。視覺摹寫可分成「靜態、動態、空間、角色」

四類，實際使用則多為「綜合運用」。除了單純描寫，加入動詞、形容詞與色彩描繪，則能使文字更具「層次感」。

土地平曠，屋舍儼然。有良田、美池、桑、竹之屬，阡陌交通，雞犬相聞。其中往來種作，男女衣著，悉如外人；黃髮垂髫，並怡然自樂。

漁夫終於看到山洞後的那個奇妙國度：土地平坦，房舍整齊，田地肥美，池塘桑竹錯落有致，田間小路交錯相通，處處聽得到雞鳴狗叫，人們來來往往忙著農事，穿著和外面的人沒有兩樣，老人和小孩都怡然自得，感覺非常幸福。

是否覺得寫故事的「背景」就像做「場景設計」？用文字構築想像的畫面，就像在腦海中畫出場景設計圖。

主題三：情節源於人物的選擇

見漁人，乃大驚，問所從來；具答之。便要還家，設酒、殺雞、作食。村中聞有此人，咸來問訊。自云：「先世避秦時亂，率妻子邑人來此絕境，不復出焉；遂與外人間隔。」

問「今是何世？」乃不知有漢，無論魏晉。此人一一爲具言所聞，皆歎惋。餘人各復延至其家，皆出酒食。停數日，辭去。此中人語云：「不足爲外人道也。」

住在這個奇妙國度裡的人們，都是為了逃避戰禍而來的，在這兒住久了，也不知道外面早已改朝換代。他們熱情款待漁夫，但是不希望漁夫將這個地方告訴其他人。

你覺得漁夫會把這個祕密說出去嗎？

既出，得其船，便扶向路，處處誌之。及郡下，詣太守，說如此。太守即遣人隨其往，尋向所誌，遂迷不復得路。

漁夫離開這裡後，划著船沿路做記號，他回家後，就把這個祕密說出去了，後來想帶著人再回來，卻永遠找不著路了。

故事中的「人物」因為背景的變化，生出新的感受和想法，最後做出選擇，形成了故事的「情節」。漁夫做出了選擇，讓故事有了一個充滿遺憾的結尾。

主題四、景色的想像與真實

讓我們一起讀一讀這篇充滿想像力的文章，了解作者如何運用「詠物」、「寫景」、「抒懷」三個技巧。

〈兒時記趣〉沈復

余憶童稚時，能張目對日，明察秋毫。見藐小微物，必細察其紋理，故時有物外之趣。夏蚊成雷，私擬作群鶴舞空，心之所向，則或千或百，果然鶴也。昂首觀之，項爲之強。又留蚊於素帳中，徐噴以煙，使其沖煙飛鳴，作青雲白鶴觀，果如鶴唳雲端，爲之怡然稱快。又常於土牆凹凸處、花臺小草叢雜處，蹲其身，使與臺齊。定神細視，以叢草爲林，以蟲蟻爲獸，以土礫凸者爲丘，凹者爲壑，神遊其中，怡然自得。

詠物與寫景

作者見「藐小微物」必「細察其紋理」，物體的尺度顯然一點也不會影響他的觀察樂趣。夏天傍晚，若出現一群黑壓壓的蚊子，我們避之唯恐不及，沈復先生卻能將「夏蚊」看作「群鶴」，「噴煙」看成「青雲」，這不就是超級想像力的展現嗎？可以將「叢草」看成樹林、

「蟲蟻」看作野獸，土堆高者為山丘，凹者為山谷，像不像今天的寶可夢，或是線上對戰遊戲？想像力就像一位偉大的創作者，為我們建立了一個又一個虛擬世界，讓我們身在其中、樂此不疲。

一日，見二蟲鬥草間，觀之，興正濃，忽有龐然大物，拔山倒樹而來，蓋一癩蝦蟆也。舌一吐而二蟲盡爲所吞。余年幼，方出神，不覺呀然驚恐，神定，捉蝦蟆，鞭數十，驅之別院。

當我們沉浸在虛擬世界之中，觀看雙方對戰興味正濃，突然被一對象意外打斷，比如這隻癩蝦蟆，真是掃興之至！作者對癩蝦蟆的懲罰行為正反映他之前的投入程度，如果你是電玩高手，一定了解這種遊戲被中途打斷的懊惱。

抒懷之樂

沈復在觀賞了由群蚊擔綱、由自己噴煙完成舞台效果的「青雲白鶴」演出後，生出「怡然稱快」之感；在「土牆凹凸處、花臺小草叢雜處」，「以叢草為林，以蟲蟻為獸，以土礫凸者為丘，凹者為壑」，「神遊其中，怡然自得」。他神遊在自己以想像力創造的場景，感到無比的快樂，而這種感受，就是在充分投入觀察與想像之後豐碩的收穫。

課堂小作業

換你來試試：

運用「詠物」、「寫景」、「抒懷」三個技巧寫出你的兒時回憶：

- 詠物：

- 寫景：

- 抒懷：

別忘了也要使用「故事三元素」和「六感」技巧喔！

PART

07

唐詩好好玩

揣想古人心境，穿越古今好入戲。

〈鄉愁〉席慕蓉

故鄉的歌是一支清遠的笛
總在有月亮的晚上響起
故鄉的面貌卻是一種模糊的悵惘
仿佛霧裡的揮手別離
離別後
鄉愁是一棵沒有年輪的樹
永不老去

〈靜夜思〉李白

床前明月光，
疑是地上霜。
舉頭望明月，
低頭思故鄉。

在這兩首生於不同時代、卻都稱作「詩」的作品之間，我們可以找到什麼樣的連結？兩位詩人，一位生於現代，寫的是「新詩」；一位身在唐代，寫的是「近體詩」。作品主題雖都是「思鄉」，但這兩首詩不只有著「格律」[1]上的不同，在「詩」體的運用上，也有著天差地別的距離。

新詩簡介

新詩，又稱白話詩、白話新詩、現代詩、自由詩，產生於中國近現代、五四運動後開始產生的新詩體，起源於一九一七年由胡適主導的「白話文運動」（又稱文學革命、新文學運動），「白話文學」除了以白話文撰寫之外，還有一個很重要的特點，是它深受西洋詩歌影響，形式很自由，不受中國古典詩的傳統格律所限制。關於「白話文」這種文體，我們將在第九單元「文學就像長河」中詳細討論。

唐詩簡介

唐詩，是唐代發展出來的新文體。

唐詩興起的源流，上承魏晉南北朝樂府和古體詩。南朝之後，文壇開始重視詩歌的格律；唐代之後，對於詩的平仄、對仗和用韻有了更加嚴格的規定。這種依照嚴格的規律寫出來的詩，在唐代之前從來沒有出現過，相對於漢代興起的「古體詩」，這種新詩體被稱為「近體詩」（又稱「格律詩」、「律體詩」）。近體詩可分為固定八句的「律詩」與四句的「絕句」，以及超過八句的「排律（長律）」。

以下簡單介紹「絕句」與「律詩」的格律規定：

絕句的格律：

1. 字數：每一句有固定的字數（五言或七言）（五絕或七絕）。
2. 句數：每首詩為固定的四句。
3. 平仄：每一句之平仄有一定的規格。由第一句第二字的平仄判斷此詩為平起式或仄起式。
4. 押韻：押韻要求：
   a. 第二、四句末字一定要平聲且押韻。
   b. 第一句末字可押可不押。
   c. 第三句末字一定不可押韻。
5. 對仗：可對仗也可不對仗。

律詩的格律：

1. 字數：每一句有固定的字數（五言或七言）（五律或七律）。
2. 句數：每首詩固定八句，分為四聯，一、二、三、四聯或稱首、頷、頸、末（尾）聯。
3. 平仄：每一句之平仄有一定的規格。由第一句第二字的平仄判斷此詩為平起式或仄起式。
4. 押韻：押韻要求：
   a. 偶數句末字一定要押韻。
   b. 第一句末字可押可不押。
5. 對仗：二、三聯（第三．四句、第五．六句）一定要對仗。

唐代被視為歷來詩歌發展最盛的黃金時期，清康熙年間的《全唐詩》整理收錄了二千二百多名唐代詩人的作品，總計超過五萬多首。而至今流傳最廣的唐詩選集是《唐詩三百首》，編者是清朝的孫洙（蘅塘退士）與其夫人徐蘭英，成書於乾隆年間，共收錄了七十七位作家的三百一十一首詩。

欣賞唐詩時，我們是否能夠感受詩人們因為那顆難得的「詩心」，讓他在種種格律限制中，仍能寫出「字字珠璣」的詩句，千百年後，還能讓兒童琅琅上口、成人低迴不已。

第一階段

重組唐詩，做首唐詩

一起站在巨人的肩膀上玩遊戲

詩歌不分時代地區，都源於「想像力」與「創造力」。詩人們運用豐富的想像力，揀選各類素材，譜寫出一首又一首的詩作，穿越時空，來到我們面前。

在壯盛浩繁的唐詩作品中，我將以耳熟能詳的幾首唐詩，如：李白〈靜夜思〉、王維〈鹿柴〉、柳宗元〈江雪〉、盧綸〈塞下曲〉、王之渙〈登鸛雀樓〉等，做為活動設計的素材，循序漸進帶你玩「重組唐詩」、「穿越唐詩」與「用唐詩寫故事」三個活動。

這個階段，我將以幾首唐詩做成單字卡，不照順序排列，進行活動第一個步驟。

〈靜夜思〉李白

床前明月光，

疑是地上霜。
舉頭望明月，
低頭思故鄉。

第一步 請將順序打亂的字卡拼回詩的原貌

「床」「前」「明」「月」「光」「疑」「是」「地」「上」「霜」「舉」「頭」「望」「明」「月」「低」「頭」「思」「故」「鄉」

你將拿到順序錯亂的唐詩字卡，讓我們回憶一下這幾首唐詩原本的排列，並在排列過程中感受字句的相關意義。

當你排列時，試著體會詩人書寫這首詩時的心情：可能是他對親人故里的思念，對官場遭逢挫折的悲傷，對與思慕之人重逢的期待，對連年戰爭的厭惡，對戰爭中人民痛苦的悲憫，對勝利達成的狂喜；或是，離開人群獨處時，那自然環境中純美的平和與寧靜⋯⋯。

第二步 請將重組好的詩句再度打散，重組成一首你的創作

現在，請你將一或二首詩，不必特別在乎平仄與押韻，重新組成一首詩，用這些詩來傳

達心中的意念。

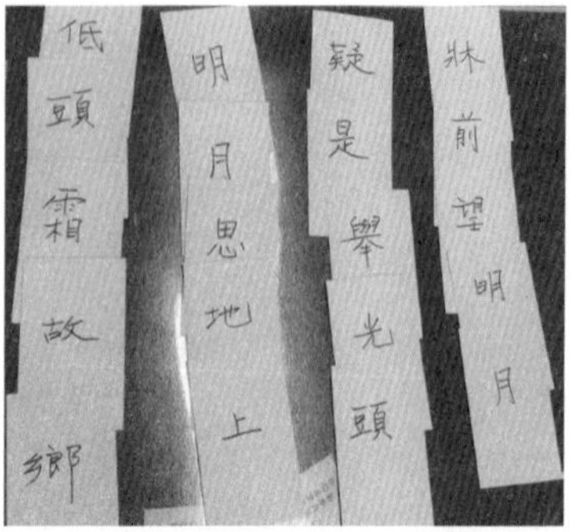

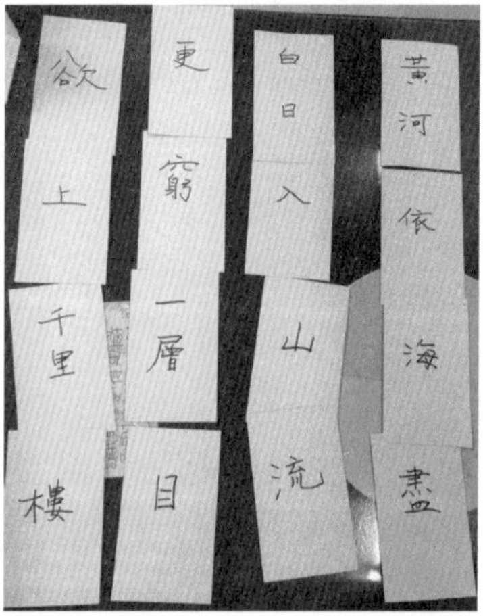

在重組過程中，希望你能感受「唐詩」與其他形式文體的不同之處：由於詩的字數少、重格律，創作者為了呈現自己獨特的思緒與感受，在挑選字詞時，需要更加仔細精確。

重新組成一首詩，是為了讓你感受每個字與字之間的關係，感受字組成詞，詞組成句的過程。分享你在排列時的感受，你的「創作」可能很有趣、很搞笑，沒問題，讓這種樂趣幫助你享受創作時的快樂。

第三步 請介紹自己創作這首詩的想法

當你創作完成，請和老師、同學、家長分享你的作品，解釋你為何要這麼排列，你想要表達什麼樣的感受。

課堂小作業

以幾首唐詩做成單字卡，進行活動。建議盡量挑選耳熟能詳的唐詩，如：李白〈靜夜思〉、王維〈鹿柴〉、柳宗元〈江雪〉、盧綸〈塞下曲〉、王之渙〈登鸛雀樓〉等，做為活動設計的素材。

換你來試試：

- 第一步：請將順序打亂的字卡拼回詩的原貌。
- 第二步：請將重組好的詩句再度打散，重組成一首你的創作。
- 第三步：請介紹自己創作這首詩的想法。

第二階段

穿越古今，成為編劇

當唐詩成為故事背景

大家看過迪士尼的動畫片《小美人魚》嗎？

在《小美人魚》這個故事中，人魚公主愛麗兒厭倦海底生活，對人類世界充滿好奇，她和最要好的朋友「小比目魚」常去收集人類掉落到海底的物品，有時他們會偷偷游到海面去找「海鷗史考托」，向牠詢問這些物品的功用。人魚王國國王川頓禁止人魚接觸人類，但自己的小女兒卻對人類充滿好奇，令他非常頭痛。他只好派遣宮中的「音樂大臣螃蟹賽巴斯丁」去監視愛麗兒的一舉一動。

但是《安徒生童話集》的〈人魚公主〉原著故事裡並沒有「小比目魚」、「海鷗史考托」和「音樂大臣螃蟹賽巴斯丁」這三個角色。在迪士尼製作團隊決定要改編這個故事時，編劇們想出了與原著不同的故事情節，創造出這三個角色，讓他們擔任很重要的職務——陪伴著女主角人魚公主愛麗兒，幫助她完成與亞力克王子相愛廝守的願望。

故事經過「改編」就能擁有不同風貌，唐詩當然也可以啊！

穿越唐詩寫獨白

現在我要對你施展一個魔法：「請想像你是迪士尼的編劇，重讀一首唐詩，並將它改編成故事，想一想你能為它創造哪些角色？這些角色又會說出哪些獨白與對白？」

再次以李白的〈靜夜思〉為例：

床前明月光，
疑是地上霜。
舉頭望明月，
低頭思故鄉。

在這首詩中，你覺得有哪些物品可以成為「角色」？

床、明月、地上、霜、思鄉的書生、故鄉……，還有詩中沒看見但存在想像之中的角色如：樹、花，昆蟲，鳥兒，甚至「影子」，都可以成為故事中的角色！李白在另一首詩〈月下獨酌〉寫道：「舉杯邀明月，對影成三人」，誰說影子不能成為另一位來賓？

關於影子的故事，讓我想到《彼得潘》裡小飛俠彼得潘的影子想逃跑，溫蒂幫忙用針線將影子與彼得潘縫在一起的情節，不只李白這麼想，原來西方童話裡的影子也有自己的生命啊！

佳文共賞：

詩：〈靜夜思〉韻晴／小五

角色：書生、影子

書生來回踱步，聽到一個聲音說：「你的腳步踏得我好沉重啊！」原來那是書生的影子，被書生思鄉的情懷壓得喘不過氣來。

課堂小作業

從李白〈靜夜思〉、王維〈鹿柴〉、柳宗元〈江雪〉、盧綸〈塞下曲〉、王之渙〈登鸛雀樓〉五首唐詩中選出一首，進入唐詩情景，想像詩中有哪些「角色」，為其中一個角色寫出一句獨白。

・詩名：

・角色：

・獨白：

第三階段

為唐詩寫故事

穿越唐詩，來場大冒險

在第四單元「寫故事就像蓋房子」中，我們學會如何以「故事三元素」來寫故事。我們把唐詩想像成一個故事的「場景」，在這個場景中設定一些「角色」，讓角色之間產生「情節」，寫成一個故事。

示範

仍以〈靜夜思〉為例，討論詩中可能出現的角色，可能有：思念故鄉的書生、床、明月光、地上霜、故鄉、文房四寶、桌、椅……。問問學生：「如果可以選擇，你想成為這首詩中哪一個角色？」在選定一個角色之後，先畫出四格連環畫，並寫上旁白。以下，學生選定的角色是「月亮」。

承叡／小五

第一格：書生睡著了。

第二格：書生醒來看到地上霜的反光，抬頭看窗外的月亮。

第三格：突然月亮跟他說：「我帶你回故鄉。」

第四格：書生被嚇醒了，坐起身來，想起故鄉。

課堂小作業

換你來試試：

選出一首詩，想像一個詩中會出現的角色。

畫出你的四格連環畫，並寫上旁白。

- 詩名：
- 角色：
- 旁白：

創作你的「多重宇宙唐詩故事」

如果以唐詩和「不同時空」交錯為背景，設定角色與情節，也能寫出好玩又懸疑的故事。

示範

· 人物：爸爸、媽媽、童年的我、在夢中是鹿的我、老人
· 情節：到日本奈良東大寺旅遊，覺得這環境似曾相識，夢中來過
· 背景：東大寺、唐詩〈鹿柴〉、夢中

〈鹿柴〉王維

空山不見人，
但聞人語響。
返景入深林，
復照青苔上。

· 故事：

我下了遊覽車，跟著爸爸、媽媽走進奈良東大寺古樸的大門，看見成群的鹿散布在

庭院各處，午後的斜陽照在長滿青苔的石頭上，寺院迴盪著僧侶誦經的聲音。我不禁倒抽了一口氣，這場景跟我的夢境怎麼一模一樣啊？

那是夢嗎？還是我的前世記憶？

我想起媽媽曾經帶我讀過王維的〈鹿柴〉，夢中那位撫摸著我剛剛長出的角的親切老人，應該就是這首詩的創作者。

原來我在好久以前就聽過他讀這首詩，而當時的我，竟不知道自己是頭鹿。

課堂小作業

找一首唐詩當作背景，設定角色與情節，寫一百五十字小故事。

- 詩名：
- 人物：
- 情節：
- 背景：
- 故事：

示範

・人物：一個小偷

・情節：偷走故宮珍寶，穿越時空跑到詩中

・背景：唐詩〈江雪〉

〈江雪〉柳宗元

千山鳥飛絕，
萬徑人蹤滅。
孤舟蓑笠翁，
獨釣寒江雪。

・故事：

這位突然出現的女士，最近在藝術品拍賣市場很有名氣，她的鑑賞能力讓那些名收藏家也自嘆弗如。但是她沒有眞正的名字，因爲沒有人知道她來自何方。

昨天，各報頭版頭條的新聞都是她——她竟與故宮的「青花瓷碗」一同消失了！

我翻開桌上的《唐詩三百首》，翻著翻著，在〈江雪〉這一首詩旁邊彷彿透出一點點亮光，盯著那亮光一陣子，覺得有些昏眩，忽然我看見有個人背著一個黑色的後揹包，匆匆忙忙在冰雪紛飛的江邊快步奔馳著，江中那位垂釣的老翁，發現有個人靠近江邊，身體不自覺地動了一動，那艘小舟也因此晃盪了一下。就在這人背後，我看見有一大群人緊追不捨……

我的心不禁砰砰跳，這人是她嗎？那群人又是誰呢？

課堂小作業

你可以將主角職業換成「廚師」、「數學家」、「飛行員」等專業，搜集有關這些專業領域的資訊，再挑選一首或多首唐詩為故事背景，寫出充滿想像力的故事！

- 詩名：
- 人物：
- 情節：
- 背景：
- 故事：

第四階段

從唐詩到新詩

發揮想像力與創造力，找一首唐詩，寫一首新詩

〈相思〉王維

紅豆生南國，
春來發幾枝。
願君多采擷，
此物最相思。

〈紅豆〉之六　聞一多

相思是不作聲的蚊子，
偷偷地咬了一口，
陡然痛了一下，
以後便是一陣底奇癢。

相思的對象可以是情人，也可以是朋友。相傳王維這首詩又有一題為〈江上贈李龜年〉，是寫給他的友人李龜年的。王維用「紅豆」代表他思念友人的心，希望與朋友分開之後，朋友見著這些紅豆，就如同見到自己對他的思念；這首詩用語簡單自然，卻蘊含著深刻而真摯的情感。

聞一多因為思念遠在家鄉的妻子，在五個晝夜裡寫了五十首「〈紅豆〉組詩」傳達他的思念，這是其中一首。我們常戲稱被蚊子咬後腫起的疱叫「紅豆冰」，無盡的相思是否就像這蚊子，咬得詩人全身癢，卻怎麼打也打不著？

兩位詩人，一位身在唐代，一位處於民國。詩的主題都是「相思」，在這兩首生於不同時代、卻都稱作「詩」的作品之間，我們可以找到什麼樣的連結？

這個連結，在於詩歌的本質都是來自於「想像力」與「創造力」。下一個練習，邀請你發揮想像力與創造力，找一首唐詩，寫一首新詩。

〈竹里館〉王維

獨坐幽篁裡，

彈琴復長嘯。
深林人不知，
明月來相照。

示範

〈自閉〉

隔著雨衣
水滴
變成
沉默
及
喃喃自語

我寫這首詩，由心底向王維致敬。他有明月為伴，我跟自己說話，我們都不缺知己，有明月，有自己，人生足矣。

課堂小作業

也邀請你找出一首喜歡的唐詩，為它寫出一首新詩吧！

• 詩名：

記得運用六感與故事三元素的技巧喔！

1 格律，指韻文在創作時的格式、音律等方面所應遵守的準則。中國古代的近體詩與詞在格律上要求嚴格，其他如古體詩、現代詩等，則沒有確定嚴格的格律要求。詩詞格律一般有四大要素：用韻、平仄、對仗、字數，其中以律詩最為嚴格，必須滿足全部要素。近體詩中的絕句以及詞、散曲，一般不需要對仗，古體詩的要求則最為寬鬆。

PART

08

穿越時空會古人

見到文學家，你想問什麼問題？

在這個單元中，我們將比較新聞記者的採訪工作與學習過程的相似性，介紹設計問題以及做筆記的技巧。冀望透過這些訓練，提升學生思辨能力，以及對課程內容的掌握力。

穿越時空的行前準備

如果能夠穿越時空，見到古代名作家，你想問他什麼問題？

在訪問一位對象之前，我們要先瞭解這位「人物」的「背景」，包括他的時代背景、養成環境以及自身的個性等，這些因素構成了他的人生故事，而推動人生故事前進的「情節」，便是他「坎坷的人生」。人生境遇的坎坷，又會使創作者產生偉大的作品，也呈現出創作者不被挫折打敗的堅韌性格。

你知道嗎？宋代文學家蘇東坡，就是這樣的創作者。

人生際遇不平順的蘇東坡，卻又擁有一顆豁達幽默的心。詩人余光中有次受訪時說，如果他要出去旅行，不會找李白作伴，因為李白太隨性，有點不負責任；也不會找杜甫，杜甫太嚴肅；他會找蘇東坡，因為他是個能夠能讓一切變得有趣的人。

我完全同意！關於蘇東坡的奇聞軼事太多了，如果我能穿越時空，也一定會去宋代拜訪他，聽他聊聊他那傳奇的人生。

這裡，我們就以蘇東坡為對象，好好準備一場穿越時空的採訪吧！

在真正拜會古人之前，我們先來練習如何「採訪」、「設計問題」、和「做筆記」，具有這三樣能力之後，就可以準備去採訪古人嘍！

第一階段

採訪、筆記技巧解析與練習

原來學習像採訪，筆記提問是關鍵

什麼是「採訪」？

《國語字典》的解釋是：「探採尋訪。通常指新聞記者訪問打探消息。」採訪的表現方式，可以分為報導、專題、調查採訪、專訪與深度報導等。

新聞記者的工作，是代替廣大的「閱聽眾」，前往事件發生現場了解實況，或是接觸新聞事件的當事人，將事情的真相透過報導呈現於大眾眼前。由於記者擁有閱聽人賦予其了解真相的權力，常被冠上「無冕王」的雅稱。

一位新聞記者的工作包括：

一、團隊討論，確定主題與受訪者

二、蒐集資料，設計採訪大綱

採訪之前，以下五個「準備步驟」將影響閱聽眾如何理解這篇報導。這些步驟包括：

1. 資料如何蒐集？
2. 提問如何設計？
3. 如何判斷與分析資料？
4. 寫作該以何角度切入？
5. 寫作觀點是什麼？

確定提問內容之後，才能進行接下來的工作：

三、人物專訪，將提問先給受訪對象確認

四、整理回答及相關資料，完成報導

這四個步驟週而復始、不曾間斷。記者以「觀察——發現問題——找答案——思考——提更多問題」這樣的循環動作，逐漸深入了解事件的真相。

學習與採訪的相似性

我們在學校學習的過程，其實與記者工作有很多相似之處，總是週而復始、循環重複相似的步驟：

一、上課前先做預習，在課堂中聽老師解釋課程內容，若有疑問向老師提出。

二、透過寫作業、複習、跟同學討論等方式，對課程內容進行深入理解。

三、透過對課程的了解，尋找問題的解答。

四、確定解答是否正確之後，再向老師進行更加深入的提問。

比較記者工作與課堂學習的相同之處：

一、「預習」即將上課的內容：

就像是記者工作第一項「確定主題與受訪者」，在採訪主題確定之後，先從手邊有的資料開始整理思考，對於採訪主題先建立基本的概念。在這個階段，閱讀的目的是「建立認知的輪廓」，先求廣度，不要求深度。

二、「複習」學過的課程：

就像第二項工作「蒐集資料，設計採訪大綱」，記者在閱讀資料的過程中，如果找到了不符合邏輯的事件，例如發現弊案產生的可能性，或是長久以來被忽視卻牽涉許多層面的問題，必須一一表列出來。

三、先試著為問題找答案：

就像記者第三項工作「人物專訪，將提問與受訪對象確認」，想像記者如何設計訪問題綱，藉著比較當事人、問題研究者、資源分配者、管理單位等不同立場的觀點，找出問題的根源。

四、向老師詢問，與同學討論，再度發現問題：

與記者第四項工作「整理回答及相關資料，完成報導」相似。記者在人物專訪後，會整理多方觀點，建立較為客觀的事件架構，找出與「主要問題」相關的立場對立、資源衝突、制度瑕疵等問題，重新審視，發展出更值得注意的核心問題，接著重複研究與發問，問更多問題，找尋更多答案，直到報導事件觀點完整為止。

如何設計採訪問題？

由麥克・馬奎德（Michael J. Marquardt）所著的《你會問問題嗎？問對問題比回答問題更重要！從正確發問、找出答案到形成策略，百位成功企業家教你如何精準提問，帶出學習型高成長團隊》此書將提問分成六種類型：探索式問題、調查式問題、關聯式問題、解析式問題、開放性問題、封閉式問題。這六種問題類型分別有不同的功能：

有效率的問題可以分成兩類：開放性問題、封閉性問題

開放性問題有助於嚴密、分析性的思考，「為什麼」式問題是其中最重要的一種。問題的開頭通常是「為什麼」、「如何」、「你的看法是」……，利用這樣的連續發問，找到問題的答案。

封閉性問題是為了要從幾個選項中選出正確的答案，常用「什麼」、「何時」、「同不同意這樣的觀點」……這種提問，為了找出事實，封閉性問題通常會提出5W1H（何人、何事、何時、何地、何故、如何）問題，這是獲得基本資料最有效的方法。這種提問在問題的開始或結束提出，通常都能得到需要的答案。

其他的問題還包括：

・探索式問題，可打開新視野、引導新發現。
・調查式問題，針對某個議題做深入探討，徹底檢視或進一步質詢。
・關聯式問題，能建立一個系統化的觀點。
・解析式問題，同時檢視原因和徵兆。

這些類型的問題，必須從受訪者的回答中整理摘要，再轉成問題，最後導引受訪者做出總結。

筆記技巧介紹

記者採訪經常得上山下海去採訪，或採訪一位非常忙碌的人，緊湊的步調讓他們的工作速度得「快！快！快！」在這個過程中，有個功夫非常重要，就是「寫筆記」。你若學會了記者做筆記的技巧，上課寫筆記也就能「得心應手」了。以下介紹寫筆記的六個技巧：

一、預習：

記者在訪問人物之前一定先搜集與瀏覽資料，若不先了解，訪問時對於採訪內容一頭霧水，不但可能問出失禮的問題，筆記內容也可能跟不上受訪者說話的速度。對應在學習上，上課之前先將課本內容瀏覽過，老師講解的時候就比較能夠理解，筆記中只需寫下有疑問或特別重要的地方。

二、關鍵字：

通常記者採訪時，為了節省時間會先寫下關鍵字。學生如果先做過預習，上課時就知道哪些是重點，如果老師再度強調，就知道這是非常重要、考試必考的內容，記下這些關鍵字，減少筆記的書寫量。

三、畫關係圖：

記者採訪時，可能會寫下許多專有名詞、人名、時間／數字等重點關鍵字，擔心忘記這些重點代表的意義，便會以一些方式標明重點之間的邏輯關係，這些記號我們寫筆記時也可以使用，例如：

1. 以「畫圈圈」來歸類

2. 以「畫箭頭」來標示邏輯關係

3. 以「數字」來標示順序

四、列出問題：

記者採訪時會寫下聽到的重點，但腦中又會隨時跳出新的問題，這時盡可能將這些問題寫下來，再向受訪者提問或自己找答案。上課時，除了寫下老師說的重點，有任何讓你感到疑惑的地方，都要寫在筆記中，向老師請教或跟同學討論，找相關書籍或上網查詢，都是解決問題的好方法。

五、書寫技巧：

記者為配合受訪者講話速度，記錄動作很快，寫字潦草是很正常的，只要自己看得懂就好。上課筆記也是這樣，不需要特別講求寫字工整；記得筆記不能寫得太密，行與行之間寫開一點，方便隨時加入新的重點、修正與標記。

六、重新整理：

下課之後，再把上課筆記重新整理成更精簡清晰的「修正版」筆記，這個動作可以幫自己把所有聽到的重點資訊重新思考複習一遍，過程中就會明白哪些地方已經很清楚了，哪些地方還有疑惑，做修正版筆記的同時，也可以把自己吸收整裡後的問題列出來，繼續尋找答案。

第二階段

採訪對象介紹

穿越時空訪蘇軾

在見到大文學家蘇東坡之前，我們一定要做好萬全準備，以免在採訪時失焦，讓他覺得我們功課做得不夠足。我們先來讀讀他的生平事蹟：

蘇軾（一〇三七年一月八日——一一〇一年八月二十四日），眉州眉山（今四川省眉山市）人，北宋時著名的文學家、政治家、藝術家。字子瞻，號東坡居士。嘉佑二年進士，曾任端明殿學士兼翰林學士、吏部尚書、兵部尚書、禮部尚書。著作有《東坡先生大全集》及《東坡樂府》詞集，宋人王宗稷整理他的作品，編成《蘇文忠公全集》。他的散文、詩、詞、賦都很有成就，又擅長書法和繪畫，是文學藝術史上的通才，是公認韻文、散文大家。與父親蘇洵、弟蘇轍合稱「三蘇」，父子三人，同列唐宋八大家。

嘉祐二年（一〇五七年），蘇軾與弟弟蘇轍一同進京參加會考，之後兩人皆中進士。當時蘇軾在禮部試以一篇〈刑賞忠厚之至論〉的論文得到考官梅堯臣的青睞，且將該文推薦給主試官歐陽脩，而歐陽脩亦十分讚賞，原本欲拔擢為第一，但又怕該文為自己的門生曾鞏所作，為了避嫌而列為第二，結果試卷拆封後才發現該文為蘇軾所作。

蘇軾雖然在文學上有很大的成就，但他的做官之路並不平順。北宋因王安石推行新政，引起反對人士的對抗，形成了「新舊黨爭」。蘇軾個性率真，直言快語，對新舊兩黨都有所批評，以致常受到政敵的打壓。

神宗元豐二年（一〇七九）四月，四十三歲的蘇軾從徐州調任至湖州時，依例謝恩，進呈〈湖州謝上表〉，表中提到神宗「用人不求其備，嘉善而矜不能。知其愚不適時，難以追陪新進；察其老不生事，或能牧養小民」，這話刺痛了新黨，遭監察御史何正臣、舒亶、諫議大夫李定、國子博士李宜之等人上疏彈劾，說他謗訕朝政、愚弄朝廷、妄尊自大。七月，朝廷派遣中使皇甫遵至湖州將蘇軾逮捕，八月十八日被捕入獄。

蘇軾被貶到黃州，由御史台專人押送前往。他的弟弟蘇轍因為哥哥求情也遭貶，也牽連了司馬光、黃庭堅，與王安石之弟王安上等人。為蘇軾求情的人，包括當初在政治理念上與他為敵的新黨章惇、王安石等人，也包括舊黨領導人物司馬光。

初到黃州，蘇東坡生活拮据，只能住在寺廟裡，加上心情鬱悶，備受打擊。他寫下〈卜算子　黃州定慧院寓居作〉：

「缺月掛疏桐，漏斷人初靜。誰見幽人獨往來？縹緲孤鴻影。驚起卻回頭，有恨無人省。揀盡寒枝不肯棲，寂寞沙洲冷。」

朋友為他找到黃州營地以東的一塊地，蘇軾躬耕其中，命名為「東坡」，在這裡建造雪堂，自號「東坡居士」。元豐五年（一〇八二年），蘇軾先後兩次遊覽了黃州附近的赤壁，寫出流傳後世的〈前赤壁賦〉和〈後赤壁賦〉及〈念奴嬌　赤壁懷古〉。

宋哲宗繼位後，重用章惇、蔡京等人，蘇東坡被誣告「譏諷先帝」被貶到了嶺南，這次給他的處罰是「不得簽書公事」，他無事一身輕，樂得自在。在惠州，他第一次吃到荔枝，驚豔又迷戀，寫了：

「羅浮山下四時春，盧橘楊梅次第新。日啖荔枝三百顆，不辭長作嶺南人。」

惠州三年之後，他又被貶到儋州，宋徽宗即位，向太后垂簾聽政，下詔讓蘇軾北還京城。建中靖國元年（一一〇一年），蘇軾途經江蘇鎮江金山寺，看見李公麟繪製的自己早年畫像，賦〈自題金山畫像〉為此生定論：

「心似已灰之木，身如不繫之舟。問汝平生功業，黃州惠州儋州。」

他正月到虔州，五月到真州，但因夏天暑熱喝冷飲過度，下痢不止，誤食藥材導致病情惡化，七月二十八日在常州病卒，享年六十四歲。

第三階段

穿越時空的記者會——完成你的採訪提問

設計好的問題，是成功採訪的第一步

‧完成你的採訪提問

你會如何為蘇軾設計訪問題目？我們試試運用第一階段由麥克‧馬奎德（Michael J. Marquardt）提出的幾種方式設計題目，分別為探索式提問、包裹式提問、調查式提問、對受訪者的觀察與記錄、關聯與解析式提問。

一、探索式提問

示範

蘇軾先生您好，在〈水調歌頭〉中您寫「明月幾時有，把酒問青天」，在您三百多首傳世的詞作中，「酒」字一共出現了九十多次！但是，您卻在〈書東臯子傳後〉中說：「予飲酒終日，不過五合，天下之不能飲，無在予下者」。請問，「酒」對於您到底具有什麼樣的意涵？

課堂小作業

• 你的提問設計：

二、包裹式提問（問題中含有問題）

示範

您對於「新」、「舊」兩黨所提出的意見各有何看法？

（等到他回答之後）您比較贊同哪一些看法？為什麼？

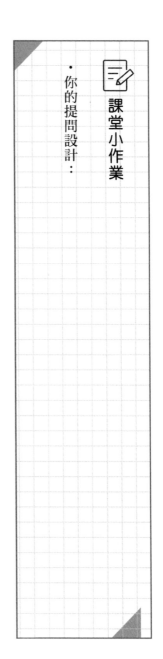

課堂小作業

・你的提問設計：

三、調查式提問

示範

嘉祐二年（一〇五七年）您二十歲那年，與弟弟蘇轍一同進京參加會考，之後兩人都中了進士，當時您在禮部論試以《刑賞忠厚之至論》得到考官梅堯臣的青睞，且將這篇文章推薦給主試官歐陽修，他十分讚賞，原本想將您拔擢為第一，但又怕這篇文章是自己門生曾鞏所作，為了避嫌而將您列為第二，結果試卷拆封後才發現該文為您所作。請問您對於這件事的感受為何？

課堂小作業

・你的提問設計：

四、對受訪者的觀察與記錄

示範

北宋元祐四年（一〇八九年）時任杭州知府的蘇軾疏浚西湖，以淤泥和葑草築成聯繫西湖南北的長堤，後人為感念蘇軾，將此堤命名為「蘇堤」。我將與蘇軾一同遊覽「蘇堤春曉」觀賞美景，聽聽他的感受，記錄他的言行舉止。

課堂小作業

・你的提問設計：

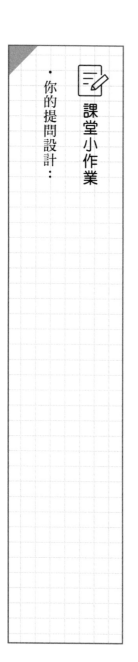

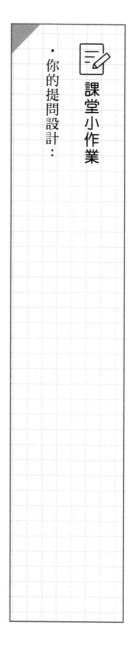

五、關聯與解析式提問

示範

從歷史資料看來，您與「新」、「舊」兩黨的代表人物王安石、司馬光，在政治理念上都曾有些不愉快（見其生平資料），但是在神宗元豐二年（一〇七九）您遭受「烏台詩案」被捕入獄後，這兩位先生又紛紛無懼牽連為您向神宗求情，最終救您免於死刑。想請問您對這兩位人物的評價為何？

課堂小作業

・你的提問設計：

也可以這樣設計問題

以下針對下列幾種設計方法分別介紹。

一、**設計「直接式」問題：**

直接提出5W1H（何人、何事、何時、何地、何故、如何）問題，這是獲得基本資料最有效的方法。

示範

我們可以從他的作品來設計提問：

假設以蘇軾膾炙人口的作品〈定風波〉為我們提問的主題，你會怎麼設計問題？我們可以從他的作品來設計提問：

〈定風波〉蘇軾

三月七日，沙湖道中遇雨，雨具先去，同行皆狼狽，余獨不覺。已而遂晴，故作此。

莫聽穿林打葉聲，何妨吟嘯且徐行。
竹杖芒鞋輕勝馬，誰怕？一蓑煙雨任平生。
料峭春風吹酒醒，微冷，山頭斜照卻相迎。
回首向來蕭瑟處，歸去，也無風雨也無晴。

示範

- 何人：在文學創作的路上，您覺得誰對您的影響最大？
- 何事：在您一生多次遭到貶官流放的經驗中，哪一次對您影響最大？
- 何時：您寫〈定風波〉這首作品，正當您被貶至黃州之時，可否描繪當時心境？
- 何地：您在黃州印象最深刻的經驗有哪些？
- 何故：在〈定風波〉這首作品中，為何您在大雨傾盆時不想快點找個遮蔽之處呢？
- 如何：可否請您給想要學習寫作的同學一些建議？

二、設計「封閉式」或「開啟式」的問題：

「封閉式」問題，是指讓受訪者在回答時，答案的深淺及長短受到限制；「開放式」問題，則是讓受訪者有自由發揮的空間，可表達更深入的意見。

示範

・封閉式問題：請問東坡肉是您發明的嗎？

・開放式問題：請問您最喜歡的菜色是什麼？為什麼喜歡呢？

課堂小作業

・你的提問設計：

三、**試探性問題：**

示範

・您覺得被貶官的遭遇屬於人生的幸還是不幸？

課堂小作業

・你的提問設計：

四、由試探性問題引出反應式問題：

示範

・如果您覺得貶官屬於人生之幸，原因為何？

課堂小作業

・你的提問設計：

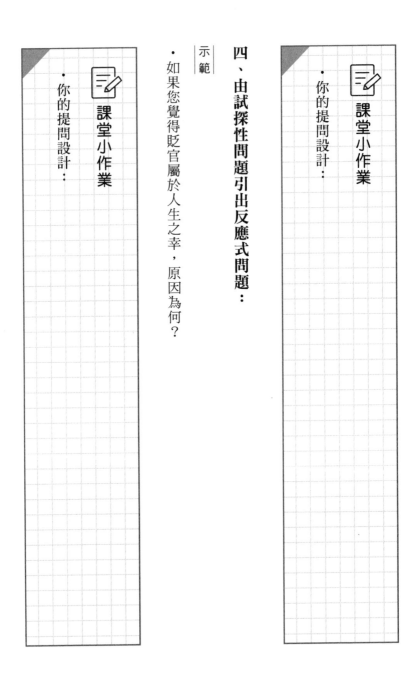

五、闡釋式問題：

示範

・是否因為您經過多次貶官，覺得許多事情無法由自己操控，不如瀟灑一點看待人生，才寫出〈定風波〉這樣的作品？

課堂小作業

・你的提問設計：

PART

09

文學就像長河

從古至今，這條河給了人們
多少關懷、悲傷與期待。

第一階段

古典初印象

童年讀本，是初次感受古典氣息的媒介

還記得你第一次接觸古典作品是在什麼時候嗎？

我們與文言文作品的第一次接觸，可能是學齡前背誦的《三字經》、《百家姓》、《千家詩》、《千字文》；有些學校讓孩子們背誦《唐詩三百首》、《弟子規》[1]、《朱子治家格言》[2]……這些讀著讀著就能琅琅上口的教材，讓我們對語言有一種新鮮的體驗，一種有點像歌謠、卻不像童謠那樣簡單的滋味，這是我們的「古典教育初體驗」。

三百千千

《三字經》、《百家姓》、《千家詩》與《千字文》並列為民間最受歡迎的兒童啟蒙書籍，有「三百千千」之稱。

《三字經》是傳統兒童啟蒙教材中最淺顯易懂的讀本之一，取材典故廣泛，包括文學、歷史、哲學、天文地理、人倫義理、忠孝節義等等，編排採三字一句，二句一韻。

《百家姓》是中國「漢姓」姓氏記錄書，共收錄姓氏五百零四個，其中單姓四百四十四個、複姓六十個。

《千家詩》主要收錄唐宋時期古體詩的詩選，為南宋劉克莊編輯的兒童啟蒙書，後經歷代編修，逐漸形成今日版本，一共收錄詩二百二十三首。

《千字文》是歷史最早的「啟蒙教本」，據說南朝梁武帝想讓他的親人練習書法，便選了王羲之寫的一千個字體，但覺得雜亂無章，便命令周興嗣重新編寫，成為由一千個不重複的漢字所組成的長韻文。這本教材從隋至清使用了一千多年，內容包括天文、地理、歷史、人倫、教育、生活等方面，四字一句，一共二百五十句。

《唐詩三百首》的編者是清代孫洙（蘅塘退士）與夫人徐蘭英，成書於乾隆年間，共收錄了唐代七十七位作家的三百一十一首詩，在數量以杜甫詩數多，有三十九首、李白詩三十三首、王維詩二十九首、李商隱詩二十四首、孟浩然詩十四首。前人說：「熟讀《唐詩三百首》，不會作詩也會吟。」此書是中小學生接觸中國古典詩歌最好的入門書籍。

古典文學發展悠久，在不同歲月也映照出人生不同面貌。小時不識愁滋味，讀王維詩作，只覺得他平易近人，如一位溫和的鄰家叔伯；現在重讀他的作品，另有一番滋味上心頭。經過官場浮沉之後，大自然給他的不只是一幅幅美景，對他而言更是極大的療癒與慰藉。

至今許多人都有「讀經」的經驗，我的孩子也有。還記得她讀幼兒園時，每天都要背誦《弟子規》，有天她正在如廁，不知為何我必須跟她說件事，她很不高興地蹙著眉說：「媽媽，妳不知道『人不安，勿話擾』嗎？妳打擾我上廁所了！」我當下瞠目結舌，懷著歉疚離開。

在我們尚未興起自己的趣味，養成個人的文學胃口時，那些三字一句、四字有韻的文體，藉著誦讀進入童年記憶庫，成為我們對傳統文學的第一印象。

課堂小作業

比較「小時候」與現在，自己對「古典文學」的想法有何不同？

．你記得自己學會的第一首唐詩是哪首？

．你最喜歡的詩人是哪幾位？為何喜歡他們？

．喜歡的作品是哪幾首？為什麼？

第二階段

文學的面貌

文學如河，映照歲月面貌，因為悠久，所以曲曲折折。

文學就像一條長河，身在河流某處，看見作品的精彩，同時感知這精彩應不僅僅限於此時此地，更該有它的源頭，也有它的後續，長河悠悠，源遠而流長。下表依照時間推進，整理如下：

<table>
<tr><th>朝代</th><th>代表文體</th><th colspan="2">代表作家及作品</th></tr>
<tr><td rowspan="5">先秦（主要指春秋、戰國時期）
西元前二二二年之前</td><td>神話</td><td colspan="2">《山海經》</td></tr>
<tr><td rowspan="2">韻文</td><td>《詩經》</td><td>有「孔子刪編成定本」一說</td></tr>
<tr><td>《楚辭》</td><td>屈原、宋玉</td></tr>
<tr><td rowspan="2">散文</td><td colspan="2">「諸子散文」（議論文）類：如《論語》、《墨子》、《孟子》、《莊子》等</td></tr>
<tr><td colspan="2">「歷史散文」（記敘文）類：如《左傳》、《國語》、《戰國策》</td></tr>
<tr><td rowspan="7">漢
西元前二〇六年開始</td><td>古賦（大賦）</td><td colspan="2">司馬相如〈子虛賦〉、〈上林賦〉，班固〈兩都賦〉、張衡〈二京賦〉</td></tr>
<tr><td>歷史散文</td><td colspan="2">西漢司馬遷《史記》、東漢班固《漢書》</td></tr>
<tr><td>樂府詩</td><td colspan="2">〈東門行〉</td></tr>
<tr><td rowspan="4">古詩（東漢）</td><td colspan="2">詠史詩代表作：班固〈詠史〉</td></tr>
<tr><td colspan="2">敘事詩代表作：〈上山採蘼蕪〉、〈豔歌羅敷行〉、〈孔雀東南飛〉</td></tr>
<tr><td colspan="2">古詩十九首</td></tr>
<tr><td colspan="2">建安詩歌代表作：曹操〈短歌行〉、曹丕〈燕歌行〉</td></tr>
</table>

朝代	代表文體	代表作家及作品
魏晉南北朝 西元二二〇年開始	俳賦（小賦）	曹植〈幽思賦〉、〈洛神賦〉，王粲〈登樓賦〉，左思〈三都賦〉
	古詩	**田園詩代表作**：陶淵明〈歸園田居〉五首、〈飲酒〉二十首
		山水詩代表作家：謝靈運、謝朓
		宮體詩、徐庾體
	小說	**「志人」類**：《世說新語》
		「志怪」類：《搜神記》、《西京雜記》、《幽冥錄》
	山水文學（跨詩歌、散文、賦書信類文體）	《水經注》
	文學批評	劉勰《文心雕龍》、鍾嶸《詩品》
	樂府民歌	南朝風格清麗柔美 北朝慷慨豪邁，以〈木蘭詩〉最為著名
隋唐 西元五八一年開始	近體詩、散文、傳奇、民間講唱文學	**近體詩**：李白、杜甫、王維、孟浩然、李商隱 **散文**：韓愈、柳宗元 **傳奇**：〈霍小玉傳〉、〈鶯鶯傳〉、〈李娃傳〉、〈虯髯客傳〉

朝代	代表文體	代表作家及作品
宋 西元九六〇年開始	詞、散文、詩	**詞**：蘇軾、柳永、李清照 **散文**：歐陽修、曾鞏、王安石、蘇洵、蘇軾、蘇轍 **詩**： **北宋四大家**：歐陽脩、王安石、蘇軾、黃庭堅 **南宋四大家**：尤袤、楊萬里、范成大、陸游
元 西元一二六〇年開始	散曲、雜劇	**散曲**：馬致遠、白樸、張可久、喬吉 **雜劇**：關漢卿《竇娥冤》、王實甫《西廂記》、馬致遠《漢宮秋》
明 西元一三六八年開始	傳奇、小說	傳奇： **五大傳奇（南戲）**：高明《琵琶記》、《荊釵記》、劉知遠《白兔記》、《拜月亭》、《殺狗記》 新傳奇：湯顯祖「玉茗堂四夢」：《紫釵記》、《還魂記》（又稱《牡丹亭》）、《邯鄲記》、《南柯記》 **小說**： **四大奇書**：《水滸傳》、《三國演義》、《西遊記》、《金瓶梅》 短篇小說：馮夢龍「三言」、凌濛初「二拍」

朝代	代表文體	代表作家及作品
清 西元一六四四年開始	傳奇、小說、詩、詞	**傳奇**：洪昇《長生殿》、孔尚任《桃花扇》 **小說**：蒲松齡《聊齋誌異》、吳敬梓《儒林外史》、曹雪芹《紅樓夢》、李汝珍《鏡花緣》 **四大譴責小說**：李寶嘉《官場現形記》、吳沃堯《二十年目睹之怪現狀》、曾樸《孽海花》、劉鶚《老殘遊記》 **詩**：黃遵憲、譚嗣同、康有為、梁啟超 **詞**：納蘭性德 **文**： **清初三遺老**：顧炎武、黃宗羲、王夫之 **桐城三祖**：方苞、劉大櫆、姚鼐 **湘鄉派**：曾國藩

白話文學的興起

「白話文」是以「日常口語」為基礎的書面語[1]。現代白話文，主要建立在漢語[2]口語中的「北方官話」之上。

胡適在他的著作《白話文學史》中認為，戰國時期因各地「方言」不一，秦始皇統一天下後，令李斯推行「書同文」的改革任務，以一種文字作為統一的文字，同時期，「文言」便成為官方通行的「書面語」。

從漢代開始，書面語「文言文」開始向「復古」和「口語」兩個方向發展。至唐宋時期，逐漸形成了三種書面語：第一種，是模仿先秦漢代文獻的書面語，如唐宋八大家的散文；第二種，是在兩漢至魏晉南北朝漢語基礎上形成的書面語，如西漢的《史記》、東漢佛經翻譯、南北朝劉義慶的《世說新語》；第三種，則是白話文的源頭，如唐代的變文、宋代的話本等。

《史記》和《世說新語》仍雜用當時口語；南北朝之後，除變文、判決書之類採口語，書面語的主流都是文言；直到宋代，民間流行的「話本」採用以北方話為基礎的語體文書寫；元、明、清小說如《水滸傳》、《西遊記》、《儒林外史》、《紅樓夢》等，也都是以北方話寫成的語體文。可以說，在文學的發展上，「文言」書面語與「白話」語題文，一直是「雙軌並行」的兩個系統。

但在一八四〇年鴉片戰爭[3]後，原本「雙軌並行」的這兩個系統，在領導地位與適用範圍上經歷巨大的變化。

鴉片戰爭戰敗後的中國，受到列強武力和西方文明的衝擊，傳統的社會結構和生活方式都面臨了巨大的挑戰。西方文化為人民帶來新的知識與觀念：新的媒體刊物興起，帶領大眾文化的流行；傳教士的宣教語言與大量翻譯作品，一波波衝擊著原本穩固的語言體系；晚清文人為了宣揚愛國理念，提倡寫白話小說和印製白話報。

清末取消科舉制度，興辦學校，推行「國語運動」，加速新文學運動的開展。當時知識份子如陳獨秀、胡適等，大力引進西方學說，標榜科學民主，積極提倡以近口語的白話文代替文言文，強調「我手寫我口」，出版刊物如《新青年》，為文學界帶來一片新思潮，整個中國瀰漫著一片「反傳統、求革新」的呼聲，一九一七年由胡適推行的白話文運動（文學革命、新文學運動）以及一九一九年的「五四運動」，進一步推助了白話文運動的發展。

胡適在一九一七年一月號的《新青年》發表〈文學改良芻議〉，提出八項主張：一曰須言之有物，二曰不摹仿古人，三曰須講求文法，四曰不作無病呻吟，五曰務去爛調套語，六曰不用典，七曰不講對仗，八曰不避俗字俗語。在一九一八年發表的「建設的文學革命論」中，他將八項主張歸納為四項原則：一曰要有話說，方才說話。二曰有什麼話，說什麼話；話怎樣說，就怎樣說。三曰要說我自己的話，別說別人的話。四曰是什麼時代的人，說什麼時代的話。

而陳獨秀於一九一七年的《新青年》發表「文學革命論」，提出三大主張：「推倒雕琢的、阿諛的貴族文學，建設平易的、抒情的國民文學」，「推倒陳腐的、鋪張的古典文學，建設新鮮的、立誠的寫實文學」、「推倒迂腐的、艱澀的山林文學，建設明瞭的、通俗的社會文學」。

一九一七年的胡適，在〈文學改良芻議〉中說：「白話文學之為中國文學之正宗，又為將來文學必用之利器，可斷言也。」

今天，白話文已是我們日常使用的表達方式。當你輕鬆地與朋友聊天、閱讀與書寫時，能否想像前人為爭取這種權利所付出的努力呢？

課堂小作業

- 你對「文言」與「白話」兩種文體有什麼想法？
- 你有喜歡的文言文作品嗎？喜歡的原因是什麼？
- 你有喜歡的白話文作品嗎？喜歡的原因是什麼？

第三階段

製作你的閱讀文學史年表

用閱讀年表記錄你的成長與發展

第二階段整理的年表，是按照朝代順序整理的，這種格式也是你常在教科書看到的樣式。除了閱讀這種順著時間進行的年表，也鼓勵你試著建立屬於「自己的」閱讀年表與閱讀清單，因為在你學習成長的過程中，記錄自己的閱讀習慣真是一件很重要的事：你的閱讀史記錄了你對作品的「喜好」與「理解」，而豐富的經典閱讀經驗，會讓你更了解這個世界從過去到現在，一路發展的軌跡。

許多作家都有自己的閱讀文學史年表。以《哈利波特》風靡全球的J. K.羅琳為例，她公開表示有幾位作家的作品是她創作的靈感來源，包括：威廉・莎士比亞[6]的《馬克白》、E・內斯比特[7]的《沙仙活地魔》、C・S・路易斯[8]的《納尼亞傳奇》系列、肯尼思・格拉姆[9]的《柳林風聲》等。羅琳也說過，她將《哈利波特》系列分為七本書的原因，是為了向《納尼亞傳奇》系列（也是七本）致敬。

課堂小作業

請參考第二階段的年表，製作一份專屬於你的「文學閱讀史」年表，在你曾閱讀過的作品名稱旁邊，寫下：

一、你「幾歲」看過這個作品？

二、當時你有什麼樣的感受？

三、除了這首／部作品，你還曾經看過這位作家其他哪些作品？

如果還沒有看過這些作品，不妨去圖書館借閱。有些出版社為使更多人親近經典，會邀請許多作家、針對不同年紀的族群，將經典內容改寫成比較簡易的版本。邀請你借閱這些經典作品，了解古典文學長河的樣貌。

持續這樣做，你將逐漸建立起自己的「文學閱讀史」年表。

第四階段

你在河的那處遇過誰？

登上「詩人小劇場」來個角色扮演

遇見了寫〈負冬日〉的白居易

二〇二〇年國文會考第十一題[10]是白居易〈負冬日〉一詩，從四個選項選出與這首詩最接近的描述。我們不把他當考題，跑個題來聊聊白居易這首詩和今天我們的生活有何關係？

杲杲冬日出，照我屋南隅。
負暄閉目坐，和氣生肌膚。
初似飲醇醪，又如蟄者蘇。
外融百骸暢，中適一念無。
曠然忘所在，心與虛空俱。

白居易是中唐著名的詩人，他的詩歌保存至今近三千首，是唐代存世詩歌最多的詩人。評論家認為，他的作品深深受到儒教與佛禪思想的影響。這首詩創作於他的晚年，因為嘗遍了塵世悲苦，也經歷了官場風浪，很多事情都已看得淡然。白居易晚年定居洛陽，時常與僧道來往，喜歡靜謐的環境，也習慣了一個人獨處。

白居易這首作品說的是「冬天曬太陽」這回事，大家想必都聽過「野人獻曝」這個故事吧！這個故事出自《列子．楊朱》：有位農夫覺得「曬太陽」是天底下最美好的事，告訴他太太如果把這個幸福的秘密稟告國君，一定會得到重賞！（謂其妻曰：「負日之暄，人莫知者；以獻吾君，將有重賞。」）

〈負冬日〉說的也是「曬太陽」的快樂，這快樂對詩人來說就像無價之寶：「冬天的陽光，亮晃晃地照在屋子南角，我閉著眼睛享受這冬陽，曬著曬著竟感覺肌膚升起一股平和之氣，就好似飲著美酒那樣醺醺然；又覺得自己像是一隻冬眠土中、蟄伏許久的生物，被這溫煦的冬陽喚醒了，感覺全身的血脈與關節無比舒暢，心底已不存任何雜念，像是通曉了天人合一的真理，盡情徜徉在這美好的感受中。」

冬天曬太陽，不是件小事兒嗎？值得他如此小題大做？

正因讀這首詩，想借題發揮，跟大家聊聊「小題大作」這件事。

創作者會在此時產生這種感受，一定存有外在的時代背景與當時的心理因素。在讀這類詩的時候，我們需要假想自己與創作者同步，與他身處同一時代、擁有同一心境、感受同一溫度，如同登上「詩中小劇場」進行角色扮演。

古代文人墨客在仕途不順時常常就退隱山林反求諸己，充分理解此時大環境的主控權與自己徹底無關；但當他一旦有機會站在握有發言權的官階上時，激昂慷慨的政論、策論又傾囊而出。官場屢仆屢起，山林進進出出，我們看見古代文人筆下不只有政論，也常有「抒懷詠物」之作，這些作品的產生，正反映他身處的政治環境與心理背景。

「詠物詩」就像西洋的靜物畫，藉著描繪物品的光影，記錄了時間的永恆。在詩人年邁體衰，歷盡滄桑之後，對難得的「冬陽體驗過程」進行如此細膩又淋漓盡致的描述。這是詩人之心、之手、之功啊！

感謝在唐朝某冬日賞臉的太陽伯伯，催生了〈負冬日〉這首詩。

課堂小作業

你在河的那處遇過誰？請運用第八單元採訪與設計提問的技巧，擬出你的問題。完成採訪之後，再整理成三百字的文稿。

- 文學家：
- 設計的提問：
- 採訪稿：

1 《弟子規》是依據《論語．學而篇》第六條孔子「弟子入則孝，出則弟，謹而信，泛愛眾，而親仁，行有餘力，則以學文」的言語，以三字一句，兩句一韻的文體方式編撰而成；在《總敘》為綱目下，分成《入則孝》、《出則弟》、《謹》、《信》、《汎愛眾》、《親仁》和《餘力學文》七大求學方向。

2 《朱子治家格言》又名《朱柏廬治家格言》，是清初朱柏廬所著，又被稱為朱子家訓，全篇五百二十五字，是以家庭道德為主的經典啟蒙教材。

3 書面語是人們在文本上交流所使用的語言，相對於口語，有其內在的穩定性。幼童不需要經過主動學習，只要生活在以口語對話的社會環境中，就能夠自然學會口語；但是必須透過教育手段，經過識字及閱讀、寫作課程後，才能夠學會書面語。

4 漢語包含書面語及口語兩部分，古代書面語稱為文言文，現代書面語一般指官話白話文，即使用標準官話文法、詞彙的中文通行文體。

5 一八四〇年開始的鴉片戰爭，是大英帝國與大清帝國因外交貿易失衡，所產生的一系列的衝突。此場戰爭是近代西方國家對中國發起的第一次大規模戰爭，船堅砲利迫使清政府打開閉關鎖國的大門，被認為是中國近代史的開端。

6 威廉．莎士比亞（William Shakespeare，受洗日一五六四年四月二十六日－逝世於一六一六年四月二十三日），英國文學史上最傑出的戲劇家，世界知名作家。作品包括三十八部戲劇、一百五十四首十四行詩、兩首長敘事詩等。他的戲劇譯本極多，表演次數遠遠超過其他戲劇家的作品。

7 伊迪絲．內斯比特（Edith Nesbit，一八五八年八月十五日－一九二四年五月四日），英國小說作家和詩人。最著名作品為《沙仙活地魔》（Five Children and It，二〇〇四年，曾經改編成電影）的奇幻魔法故事系列：《五個孩子和一個怪物》、《五個孩子和鳳凰與魔毯》、《五個孩子和一個護身符》三部曲，和《鐵路邊的孩子們》。

8 克利夫．斯特普爾斯．路易斯（Clive Staples Lewis，一八九八年十一月二十九日－一九六三年十一月二十二日），威爾斯裔英國知名作家、詩人及神學家，以兒童文學作品《納尼亞傳奇》而聞名於世。

9 肯尼斯．格雷厄姆（Kenneth Grahame，一八五九年三月八日－一九三二年七月六日）英國作家，以經典兒童文學《柳林中的風聲》（The Wind in the Willows，一九〇八）聞名於世。他在1898年創作的小說《難馴的龍》後來於一九四一年被改編為迪士尼電影《為我奏樂》（The Reluctant Dragon）。

10 二〇二〇年國中會考國文科第十一題：
「杲杲[1]冬日出，照我屋南隅。負暄閉目坐，和氣生肌膚。初似飲醇醪[2]，又如蟄者蘇。外融百骸暢，中適一念無。曠然忘所在，心與虛空俱。」關於這首詩的分析，下列敘述何者正確？(a)本詩為一韻到底的五言律詩 (b)以飲美酒比喻午後昏昏欲睡的狀態 (c)描寫層次由外而內，鋪陳歡聚之樂 (d)呈現冬日曬太陽時，閒適自得的心境（[1]杲杲：日光明亮。杲，音ㄍㄠˇ [2]醇醪：美酒。醪，音ㄌㄠˊ）

PART
10
作品大舞台

戲如人生，永恆舞台上
總是演著有喜有悲的作品。

第一階段

關於背景及人物

那些扣人心弦的人物描寫和故事場景

你曾經讀過那些精彩的片段，讓你一旦展開書頁便停不下來？

在第四單元裡，我們知道支撐一個故事的基礎結構就是「故事三元素」——人物、背景、情節。名列中國古典小說「四大奇書」[1]之一的《三國演義》[2]，在塑造「人物」典型與描寫戰爭「背景」這兩個結構上的成就，堪稱為經典中的經典。

《三國演義》書中刻畫了近二百個人物形象，令人印象最深刻的有諸葛亮、曹操、關羽、劉備等人：諸葛亮被塑造成「賢相」的化身，懷有「鞠躬盡瘁，死而後已」的情操，擁有「呼風喚雨、神機妙算」的本領；曹操是一位「寧教我負天下人，休教天下人負我」的奸雄，既有雄才大略，又殘暴奸詐；關羽個性威猛剛毅，卻又義重如山；劉備則被塑造為「仁民愛物、禮賢下士、知人善任」的「仁君」典型。書中對於戰爭場面的描寫手法多樣，其中「官渡之戰」、「赤壁之戰」被認為是「波瀾起伏」、「跌宕跳躍」，讀來讓人驚心動魄，作者更運用豐富的想像力，將史書沒有的情節描寫得十分細緻。

寫景：撼動人心的場景

「三國」時代最著名的戰爭，應屬「赤壁之戰」。這場戰役是中國歷史上「以少勝多」的戰爭之一，也是三國時期「三大戰役[3]」中最為著名的一場，亦是第一次發生於長江流域的大規模水戰。

漢獻帝建安十三年（二〇八年），曹操率大軍南下荊州，占據荊州的劉琮向曹操投降。曹操追擊劉備，孫權派遣魯肅探聽落難的劉備是否願意聯盟抗曹，劉備派遣諸葛亮出使江東協議結盟，孫權派遣都督周瑜、程普率軍與劉備組成聯軍，以黃蓋詐降之計，在長江赤壁火攻曹軍連環船，曹操大敗落荒北逃。在這場戰役之後，曹軍退守襄陽，曹、孫、劉三分荊州，奠定「三國鼎立」之勢。

這裡引用在第四十九回「七星壇諸葛祭風三江口周瑜縱火」最後結尾，描述東吳將領黃蓋詐降曹操，駕著小船深入敵軍時兩軍交戰的景況：

是時東風大作，波浪洶湧。操在中軍遙望隔江，看看月上照耀江水，如萬道金蛇，翻波戲浪。操迎風大笑，自以爲得志。忽一軍指說：「江南隱隱一簇帆幔，使風而來。」操憑高望之，報稱：「皆插青龍牙旗。內中有大旗，上書先鋒黃蓋名字。」操笑曰：「公覆來降，此天助我也！」

來船漸近。程昱觀望良久，謂操曰：「來船必詐。且休教近寨。」操曰：「何以知之？」程昱曰：「糧在船中，船必穩重。今觀來船，輕而且浮；更兼今夜東南風甚緊；倘有詐謀，何以當之？」操省悟，便問：「誰去止之？」文聘曰：「某在水上頗熟，願請一往。」言畢，跳下小船，用手一指，十數隻巡船，隨文聘船出。聘立在船頭，大叫：「丞相鈞旨，南船且休近寨，就江心拋住。」眾軍齊喝：「快下了篷！」

言未絕，弓弦響處，文聘被箭射中左臂，倒在船中。船上大亂，各自奔回。南船距操寨止隔二里水面。黃蓋用刀一招，前船一齊發火。火趁風威，風助火勢，船如箭發，煙燄障天。二十隻火船，撞入水寨。曹寨中船隻一時盡著；又被鐵環鎖住，無處逃避。隔江砲響，四下火船齊到，但見三江面上，火逐風飛，一派通紅，漫天徹地。

曹操回觀岸上營寨，幾處煙火。黃蓋跳在小船上，背後數人駕舟，冒煙突火，來尋曹操，操見勢急，方欲跳上岸，忽張遼駕一小腳船，扶操下得船時，那隻大船，已自著了。張遼與十數人保護曹操，飛奔岸口。黃蓋望見穿絳紅袍者下船，料是曹操，乃催船速進，手提利刃，高聲大叫：「曹賊休走！黃蓋在此！」操叫苦連聲。張遼拈弓搭箭，覷著黃蓋較近，一箭射去。此時風聲正大，黃蓋在火光中，那裏聽得弓弦響？正中肩窩，翻身落水。

課堂小作業

看完這段戰爭場面中的記錄，哪些是屬於「六感」的描述？

- 視覺：
- 聽覺：
- 嗅覺：
- 味覺：
- 觸覺：
- 心覺：

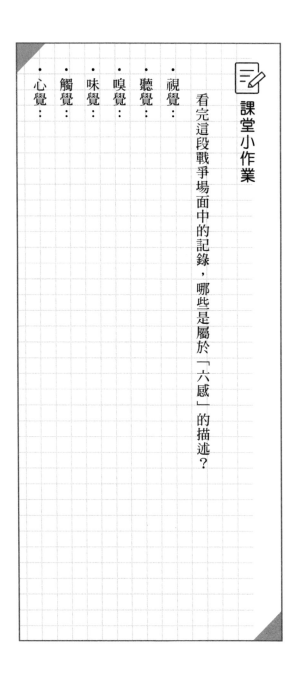

寫人物：一、精彩的對話

如果遇到別人嘲笑你時，你會選擇用什麼方式回應？是「直球對決」跟他大吵一架？還是忍在心中默默無語？歷史上有一位智者，名叫晏子，當別人用挑釁的方式嘲弄他，甚至演了一齣戲來羞辱他，他都能以沉著機智的方式回應，讓對方感到「自取其辱」。

〈晏子使楚〉[4]出處：《晏子春秋．內雜篇下》

晏子使楚。楚人以晏子短，楚人爲小門於大門之側而延晏子。晏子不入，曰：「使狗國者從狗門入，今臣使楚，不當從此門入。」儐者更道，從大門入。見楚王。王曰：「齊無人耶？」晏子對曰：「齊之臨淄三百閭，張袂成陰，揮汗成雨，比肩繼踵而在，何爲無人？」王曰：「然則何爲使子？」晏子對曰：「齊命使，各有所主：其賢者使使賢主，不肖者使使不肖主。嬰最不肖，故宜使楚矣！」

楚國人看不起身材矮小的晏子，竟然不打開正門以正式外交禮節迎接晏子，而是請晏子走小門，晏子很淡定地說：「我到『狗國』才應該走『狗門』，貴國應該不是『狗國』吧？」

這句話馬上讓楚國使者請晏子改走正門。終於見到了楚王，楚王想羞辱晏子，就說：「齊國是不是沒有人了？怎麼派你來啊？」聰明的晏子立即將楚王想說的「人才」轉為「人口」，用了三個超誇張的形容詞來形容齊國人口的眾多——「張袂成陰，揮汗成雨，比肩繼踵」——齊國人多到張開衣袖就能把太陽給遮住；大家一起揮汗就像下起雨來；因為人數太多，所以大家只能肩並著肩、腳跟對著腳跟站著。

果然晏子這麼一說，楚王便接著問：「既然齊國人這麼多，為何派你來？」啊哈！楚王果然掉進晏子特意營造的「陷阱」之中。晏子恭謹地說了一個齊國派遣使節的「規則」：「齊國會依照各國國君的能力派遣使節：賢能的使者，被派遣去拜訪賢君治理的國家；能力低下的，則被派遣去拜訪國君治理能力不佳的國家。我的能力最差，只好來楚國了。」面對處心積慮想要羞辱他的楚王，晏子的回答是不是既聰明又毒辣啊？

〈晏子使楚〉這個故事，我將在下一階段把它改編成劇本，期望透過動作與對話，讓你更加感受到楚王的「狂妄無知」的可笑，與晏子「機智沉著」的魅力。

寫人物：二、鮮明的性格

我們在第六單元說過，人類感官吸收訊息的比例依序為：視覺87%、聽覺7%、觸覺3%、嗅覺2%、味覺1%。人的「視覺」提供了最重要的訊息來源，一個人的外型和行為舉止，大大影響著其他人對他的看法。

當你在畫畫時，如何描繪一個人的外型輪廓？如果這個人有著一對大大的耳朵、一雙細細的眼睛、一個厚厚的嘴唇，還有個又圓又鼓的肚子……，這些特徵，一定成為你最先畫出的部分。如果他張開了嘴，牙齒黑乎乎的，又掉了好多顆，說話時還發出口臭，你一定會離他遠遠的，心裡發出嫌惡的感覺。現在讓我們一起來看看《世說新語》[4]中對於「王藍田」的描寫：

《世說新語・忿狷》第二條

王藍田性急。嘗食雞子，以箸刺之，不得，便大怒，舉以擲地。雞子于（於）地圓轉未止，仍下地以屐齒蹍之，又不得。瞋甚，復於地取內口中，齧破即吐之。王右軍聞而大笑曰：「使安期有此性，猶當無一毫可論，況藍田邪？」

《世說新語．忿狷》第五條

謝無奕性麤彊。以事不相得，自往數王藍田，肆言極罵。王正色面壁不敢動，半日。謝去良久，轉頭問左右小吏曰：「去未？」答云：「已去。」然後復坐。時人嘆其性急而能有所容。

我們大都讀過第一篇故事，王藍田這個人性子實在很急，急得有點特別：有次吃雞蛋時，用筷子戳蛋戳不住，一氣之下便把這顆蛋丟了，蛋在地上滾來滾去，好像在向他示威一樣，他氣得穿著木屐去踩這蛋，蛋滑溜溜的，他怎麼也踩不著，氣壞了，拿起這蛋放入口中嚼碎再吐出。

透過作者描述，清楚鮮明地看見一個氣急敗壞、動作可笑的急性子，他的舉止就像《豆豆先生》[5]的演出，只要看過的人都會暗暗竊笑：天底下哪有這種人吶。

但當我們讀到第二篇故事，卻看見一位不一樣的王藍田。

有一個叫謝無奕的人，性格很粗野強悍，因為有件事令他不滿意，跑到王藍田跟前，毫不留情地將王藍田謾罵一番，王藍田面對著牆壁，表情嚴肅動也不敢動地坐著，等謝無奕離開很久之後，王藍田才轉頭問：「走了沒？」左右隨侍回答：「已經走了。」王藍田才恢復正常坐姿。當時的人聽說這事，都說王藍田雖然個性急躁，卻有包容他人的雅量。

在同一本書中，對這位性子急切的王藍田卻有不同的描述，如果我們只看第一篇故事，可能對這個人只存著負面的評價；當我們看了第二篇故事後，好像覺得這個人不那麼可笑了，甚至有一點敬佩他。

在你的身邊，有沒有個性鮮明的家人或朋友？試著描述他們的個性，記得盡量以「六感」方式和「動作」的陳述來描寫喔！

課堂小作業

換你來試試，描述個性鮮明的家人或朋友。

1、對話

2、性格

3、動作

第二階段

編劇換你當——將故事變成劇本

人生如戲，戲如人生，將你筆下的故事「演」出來。

想像有一天，在課堂上讓同學演出你寫的劇本，你覺得如何？

要怎麼樣才能成為一位編劇呢？

首先，要知道這個故事主要的情節，知道故事中的主角是誰？配角是誰？第二，研究如何為故事中的角色製造情節的「衝突」，讓故事沿著衝突、依照你想要的方式，快速或者緩慢地推進……。第三，將角色放在情節中，為角色設計對話。

論情節

如果我們把〈晏子使楚〉這個故事改編成舞台劇本，主要情節會是什麼？

一、晏子奉命出使楚國，楚國上下都準備等晏子抵達楚國後，要好好羞辱他。

二、晏子在楚國遇到的第一關：城門守衛不讓他從大門進入，欺負他個子矮，要他從小門進去。晏子聰明的應對，使得楚國不得不打開大門，重新歡迎他的蒞臨。

三、晏子見到楚王，楚王繼續譏諷嘲笑他，說：「竟然派你出使！貴國是沒有人才了吧？」晏子順著楚王的話，講了一個充滿想像力的故事，最後讓楚王知道自己是「自取其辱」。

論衝突

故事情節的「衝突」是什麼？簡單來說，就是角色之間的競爭。

對即將來訪的晏子，楚王準備要好好羞辱他。這個預設的「衝突」點，引起我們讀者的好奇，楚王要如何羞辱？晏子要如何回應？更深一層的問題是：「楚王為何想要羞辱晏子？」

晏子抵達楚國，遇到的第一關是楚國的城門守衛，這守衛不讓齊國大使堂堂正正從大門進入，偏要讓他走小門。春秋戰國時代群雄割據，以軍力論國力，軍力強大的楚國看不起兵力不強的齊國，否則，一個官職不高的守衛，要不是背後有楚王授意，怎敢欺負他國外交使節呢？

晏子遇到無理的刁難，卻沒有義正辭嚴地責備守衛，相反地，他建立了一個「狗國」故事情節：「如果今天我出使狗國，當然從狗門進入！」但「我今天是出使楚國喔！不該走狗門吧？」（你們還要我走狗門嗎？）聽見這話，帶領晏子晉見楚王的使者趕快打開大門迎賓進城了。

套用一下「明清話本」常用的評論方式：正是「齊使話術強，人矮智慧高。」

一見楚王，晏子立馬聽到楚王的酸言酸語：「齊國是不是沒有人才啦？怎麼派你來啊？」晏子這時為楚王說了一個更有想像空間的故事，一個關於齊國人才多到「張袂成陰，揮汗成雨，比肩繼踵」（同時張開袖子就能把天空遮蔽了，同時揮汗就如同落下暴雨，人多到得肩併著肩、腳後跟貼著腳後跟）的盛況描述，讓楚王直覺地追問：「既然人才那麼多，為何派你來呢？」這問題正中晏子下懷，他繼續編造這個故事的情節：其實齊國的使者是分等級的：「其賢者使使賢主，不肖者使使不肖主」（賢能的使者出使國君賢能的國家，不像樣的使者出使不像樣的國家），「嬰最不肖，故宜使楚矣」（而我是那不像樣的使者中最不像樣的，所以就來楚國啦！）

在此不禁為晏子捏一把冷汗，楚王會不會惱羞成怒，一怒之下便殺了晏子？但故事在此停下，開啟讀者的想像。

論對話

若問這個故事的主角是誰？當然是晏子！

配角是誰？依照出場序，依序為城門守衛、帶領晏子見楚王的使者，和楚王。

設計角色對話的重要依據，包括故事發生的背景，與角色的性格。

將故事改編成劇本的重點，是為角色「設計對話」。看戲時，我們都喜歡被角色之間精彩的對話，一波又一波帶往情節的高潮，但角色的對話該怎麼寫呢？

為了安排情節，我們可以調整故事發生的先後順序，也可以刪去或添加某些情節，目的是讓角色的「性格」更加鮮明，情節運作更加流暢，甚至比原作更具有戲劇性。而「改編」有時也等於重新創作，有些改編作品被評論為「忠於原著」，意思是與原作相差不遠，但大多數的改編作品都等於「再創造」。改編者可以自由發揮創造力，不受原作限制。

〈晏子使楚〉原文：

《晏子春秋．內篇雜下》

一

晏子使楚。楚人以晏子短，楚人爲小門於大門之側而延晏子。晏子不入，曰：「使狗國者從狗門入，今臣使楚，不當從此門入。」儐者更道，從大門入。見楚王。王曰：「齊無人耶？」晏子對曰：「齊之臨淄三百閭，張袂成陰，揮汗成雨，比肩繼踵而在，何爲無人？」王曰：「然則何爲使子？」晏子對曰：「齊命使，各有所主：其賢者使使賢主，不肖者使使不肖主。嬰最不肖，故宜使楚矣！」

二

晏子將使楚。楚王聞之，謂左右曰：「晏嬰，齊之習辭者也。今方來，吾欲辱之，何以也？」左右對曰：「爲其來也，臣請縛一人，過王而行，王曰：『何爲者也？』對曰：『齊人也。』王曰：『何坐？』曰：『坐盜。』」

三

晏子至，楚王賜晏子酒，酒酣，吏二縛一人詣王。王曰：「縛者曷爲者也？」對曰：「齊人也，坐盜。」王視晏子曰：「齊人固善盜乎？」晏子避席對曰：「嬰聞之，橘生淮南則為橘，生於淮北則爲枳，葉徒相似，其實味不同。所以然者何？水土異也。今民生長於齊不盜，入楚則盜，得無楚之水土使民善盜耶？」王笑曰：「聖人非所與熙也，寡人反取病焉。」

以下我將〈晏子使楚〉三段故事改編成劇本，提供大家參考。

第一幕

角色：楚王、楚國士兵（侍立在楚王身邊）、官員甲、官員乙

楚王：兩位愛卿，聽説齊國馬上要派那個伶牙俐齒的晏嬰來拜訪我了！該怎麼治治這個能言善辯的傢伙？我一定要好好羞辱他！你們説説有什麼辦法？

官員甲、官員乙：大王，我們準備了兩個計策！

官員甲：第一個是「走狗門」！

楚王：說來聽聽！

官員甲：（附在楚王耳邊嘀嘀咕咕）如此這般……

楚王：嗯嗯嗯，好計好計！哈哈哈！太好了！我倒要看看這晏嬰是不是真的反應靈敏、名不虛傳！

第二幕

角色：楚王、楚國士兵、官員甲、官員乙

官員乙：大王，還有一計！當天請允許我們綁著一個人，從大王面前走過。

楚王：然後呢？

官員甲：大王看到就問：「他是什麼人？」

楚王：（模仿官員甲）他是什麼人？

官員乙：對！就是這樣！我就回答：「他是齊國人。」

官員甲：大王接著再問：「他犯了什麼罪？」

楚王：（模仿官員甲）他犯了什麼罪？

官員乙：很好！我就會回答：「他犯了偷竊罪。」

楚王：兩位愛卿！你們的計策太好了！

第三幕

角色：晏子、楚國士兵、小門、大門（人扮演）

晏子：今天我們大王要我出使到楚國去，聽說楚王看我們齊國人不太順眼，我得小心點，嗯，看看他們會出什麼招吧！

（走向楚國大門）

楚國士兵：（看到晏子，伸手攔住他）你幹什麼的？（上下打量晏子，見他身材十分矮小）原來是個小矮子啊！聽說你是從齊國來的，今天要進楚國去拜訪我們大王啊？

晏子：（朝士兵拱手）是！我奉齊王的命令特來拜見楚王。

楚國士兵：這樣啊！那你請進吧！

（士兵鄙夷地看著晏子，指著在大門旁邊的一個小門，揮揮手作勢請晏子進去）

晏子：（臉色一變）請問貴國是狗國嗎？出使到狗國的人，才應該從狗門進去吧！今天我以使者身份拜訪你們楚王，應該不能從這個狗門進去吧！除非……

楚國士兵：除非怎樣？

晏子：你承認你們楚國是狗國！

楚國士兵：你說什麼？（一把揪住晏子的領子）

第四幕

角色：楚王、晏子、官員甲、官員乙

官員甲：（衝出來打圓場，擋在兩個人中間）大王派我來迎接齊國大使！（笑容滿面問晏子，使眼色讓士兵退下）請問您是晏先生嗎？

晏子：正是！（整理一下衣冠）終於來了一位像樣的！原來楚國不是狗國啊！這下我應該不用走狗門了吧！

官員甲：您怎麼這麼說呢！楚國開好大門迎接您了！請隨我來！大王正在等您呢！

晏子：（見楚王）晏子拜見楚王！（向楚王拱手）

楚王：哎呀！我說齊國是沒有人可派嗎？竟派您做使臣！

晏子：（大笑）我現在才清楚，原來您不知道啊！

官員乙：大王面前休得無禮！

晏子：我們齊國都城臨淄有七千五百戶人家，人們如果一起張開袖子，能把天都給遮了！

官員甲：您說得太誇張了吧！

晏子：不騙您，當我們每個人揮灑汗水，就像下起豪雨一樣！街上的行人多到肩膀靠著肩膀，腳尖碰腳後跟。

官員乙：少扯蛋了！

晏子：我不知道大王您怎麼會說「齊國沒有人」呢？

第五幕

角色：楚王、晏子、官員甲、官員乙

楚王：如果照你所說，齊國人口如此之多（鄙夷打量晏子的身材）為什麼會派你來呢？

晏子：（恭敬朝楚王拱手）是這樣的，我們齊國派遣使臣，針對不同國家會有不同的規矩。

官員甲：什麼規矩？

晏子：那些有德有才的使臣，會被派遣到有德有才的君主所治理的國家。而沒德也沒才的使臣，就會被派遣到沒德也沒才的君主所治理的國家。

官員乙：您的意思是？

晏子：不好意思，我晏嬰是全齊國最不賢也最沒有德才的人，所以只好出使到您楚國來了。

第六幕

角色：楚王、晏子、官員、犯人

（楚王、晏子把酒言歡）

楚王：來來來！這是我們楚國最好的酒，今天好好招待晏先生！您不要客氣啊！盡量喝！盡量喝！

（向晏子敬酒）

晏子：謝謝大王！（一乾而盡）這酒真不錯！

官員：（綁著一個人到楚王面前來）報告大王，我剛剛逮到這個犯人！請您治罪！

楚王：這綁著的人，是什麼人？
官員：他是齊國人！
楚王：他犯了什麼罪？
官員：他犯了偷竊罪！

第七幕

角色：楚王、晏子、官員甲、官員乙

楚王：（看著晏子）晏先生，你們齊國人是不是很懂得偷東西啊？
晏子：（站起身來）啟稟大王！您知道有一種樹，生長在淮河以南的地方，就叫橘樹，生長在淮河以北的地方，就叫枳樹。這兩種樹只是葉子相像罷了，他們的果實味道卻完全不同。
楚王：你想說什麼？
晏子：您知道這是什麼原因嗎？那是因為水土不相同啊。我們齊國的老百姓，在齊國絕對不會偷東西，到了楚國就偷東西，莫非是楚國的水土使他們想要偷東西？

楚王：（大笑）我就說嘛！（指著官員甲、乙）都是你們兩個！幹嘛要設計晏先生啊！

官員甲、乙：（朝晏子拱手）請晏先生大人大量！不要跟我們計較！

楚王：原來聖人不是能隨便開玩笑的，我反而自討沒趣了。

第三階段

玩轉經典，來場時空之旅

畫面轉文字，文字轉畫面

古今中外，優秀的創作者都擁有細緻的觀察力、豐富的想像力，以及精準的描繪能力。一位優秀的創作者，能夠不受時空限制，將自己對天地萬物、人際交往的感觸，以獨特的方式表達出來，讓我們每次閱讀作品時，都被深深觸動。

古典作品字彙密度高、涵義深、典故多，如果不經過適當帶領，真的很難感受其奧妙；如果藉由專業帶領，深入了解創作的背景，細細品味作品的精髓，便能逐一領會作品的美好。

閱讀一篇古典作品，就像進行一場「跨越時空的旅遊」。作者的背景、文體格式與運用詞彙，就像是一個陌生城市的地圖與景點資訊，先查閱過，進入城市街道才不會迷路。我們該如何從這些文字中找到線索，帶領我們前往目的地呢？讓我們一同進入作者的時空，與他促膝長談、徜徉山水，成為探索「天地密碼」的時空旅人。

畫面轉文字

如果你看到的「文字」全是由物件構成的「畫面」，而這些畫面是經過作者刻意排列呈現的，目的是讓讀者透過這些畫面，感受他所要表達的內心感觸。讓我們先來欣賞一首這樣的作品：

〈天淨沙．秋思〉

枯藤老樹昏鴉，
小橋流水人家，
古道西風瘦馬。
夕陽西下，斷腸人在天涯。

這是一首元代的小令，作者是馬致遠。作品前三句有十八個字，描述九樣景物，把這九個詞並列，你有什麼感覺？

・枯藤
・老樹
・昏鴉
・小橋
・流水
・人家
・古道
・西風
・瘦馬

秋天帶來的寂寥與哀愁之感，成為詩人筆下的景物，為讀者逐一呈現，慢慢在畫面上堆砌，讓讀者藉由這些景物構成的畫面，感受作者難以用文字表達的「秋思」。

・枯藤
・老樹
・昏鴉

枯、老、昏三字，就像面對歲月凋零卻無力阻攔，配上藤、樹的造型、烏鴉嘶啞嗚聲，更有身形枯槁、窘迫力竭的無奈；這些透過視覺與聽覺轉成心覺的圖像，強而有力地傳達了作者深沉的悲傷。

· 小橋
· 流水
· 人家

藉著這三個景物，作者描繪了他的欽羨，就像有些人渴望踏上旅途，抱怨自己總是一成不變、原地踏步；卻沒想到那些風塵僕僕的旅人，渴望著擁有平凡的家庭生活，覺得粗茶淡飯也好過羈旅人生啊！

· 古道
· 西風
· 瘦馬

遠行者再度踏上旅程，他最熟悉的景物不過這三樣：道、風、馬，只不過是前人走過的路、秋天蕭瑟的風，與一匹瘦骨嶙峋的老馬，再加上最後兩句中那不變的老友：

· 夕陽西下

・斷腸人在天涯

總是西沉的夕陽，總是迢迢不知盡頭的旅程，讓這位異鄉遊子（作者）愈想愈傷悲，愈想愈絕望。

馬致遠用極少的字，由靜態到動態，由近去遠，建立起畫面，用畫面說故事，簡單而深刻，直接又豐富。

文字轉畫面

有時候，人在面對複雜的情緒時，無法簡單描繪，必須藉著動作來抒發這種感受。舉一個例子：當你花費很大心力準備考試，成績卻不如預期時，你可能想把這張考卷揉爛丟在地上，再用腳用力踩一踩，做了這一連串動作，好像才能夠將你的憤怒發洩出來。以文字記錄這一連串動作：「把考卷揉爛丟在地上」、「腳用力踩一踩」，反映了你當下的情緒和感受。

以下兩首作品，讓讀者看見動作和畫面，感受作者的內心感觸。

〈望江南・天上月〉（五代敦煌曲子詞）

天上月，遙望似一團銀。
夜久更闌風漸緊，
與奴吹散月邊雲，照見負心人。

語譯

遙望天際，那朦朧的月亮好像一團白銀。夜已深，風聲一陣又一陣，愈吹愈烈，風兒呀！你看明月已被烏雲遮住，請你吹散那烏雲，讓月光照向那負心人兒，喚醒他被遮蔽的心。

〈甜蜜的復仇〉夏宇

把你的影子加點鹽
醃起來
風乾
老的時候
下酒

這兩首作品的主題都是「失戀」。第一首作品，表現女子被心愛的人背叛，不能忘情又無奈的心痛感，女子只能祈求夜風吹散月邊烏雲，讓一輪銀月傳達她的思念。女子以如銀的明月，代表自己堅貞不渝的愛情，以月邊烏雲代表蒙蔽愛人的人事物，只要夜風把烏雲吹散，明月就能喚醒愛人，重新連結兩人之間的情愛。

第二首作品，寫的是與愛人分手後的遺憾，如果愛人已經變心，也只能把過去甜蜜的回憶（影子）留存在心，自己收藏。題目稱「甜蜜」的「復仇」，甜蜜是指那浸滿遺憾的留戀，回想起來滋味依舊甜蜜；「復仇」卻是表明，這段甜蜜的回憶是屬於我自己的，我要怎麼咀嚼怎麼思念，已與你無關了。

課堂小作業

〈鳥鳴澗〉王維

人閒桂花落，夜靜春山空。
月出驚山鳥，時鳴春澗中。

- 將這首作品，加入「六感」，寫成一段「畫面轉文字」的小故事。

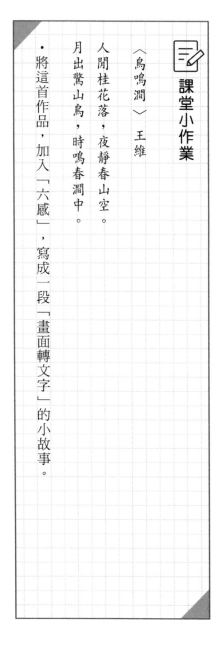

〈風景No.2〉　林亭泰

防風林的
外邊還有
防風林的
外邊還有
防風林的
外邊還有
然而海以及波的羅列
然而海以及波的羅列

・將這首作品，加入「六感」，寫成一段「文字轉畫面」的小故事。

第四階段

故事串燒——改編你的歷史故事劇本

個性鮮明的角色，曲折動人的情節

從第一階段到第三階段，我們談到了

‧「寫景」：故事三元素之「背景」

‧「寫人」：故事三元素之「角色」

‧「論衝突」、「論對話」：故事三元素之「情節」

而描寫情節的方式，可以使用「畫面轉文字」與「文字轉畫面」等技巧。我們再度溫習「三元素」這個主題，讓你了解在一個好故事裡，這三個元素缺一不可：戰爭場面描寫地再浩大壯盛，也不能缺少個性鮮明的角色與曲折動人的情節，這也是《三國演義》這部小說至今仍膾炙人口的重要原因。

課堂小作業

改編一個你喜歡的歷史故事，這個故事需要包含「角色曲折的遭遇」，比如唐玄宗。他曾是英明的君主，楊貴妃的出現讓他疏於朝政，朝綱不振導致群藩割據，終於興起安史之亂，戰亂平定之後玄宗也被逼退位，唐朝由此走向衰敗。

換你來試試：

- 步驟一、搜集相關史料。
- 步驟二、將故事中的主要角色，以「六感」方式描繪。
- 步驟三、將故事發生的背景，以時空「往前」或「往後」推進方式做設計。
- 步驟四、以「英雄時鐘」[7]方式設計故事大綱。
- 步驟五、依照設定好的故事大綱，放入設計好的角色與故事背景，寫出一篇五百字的故事。

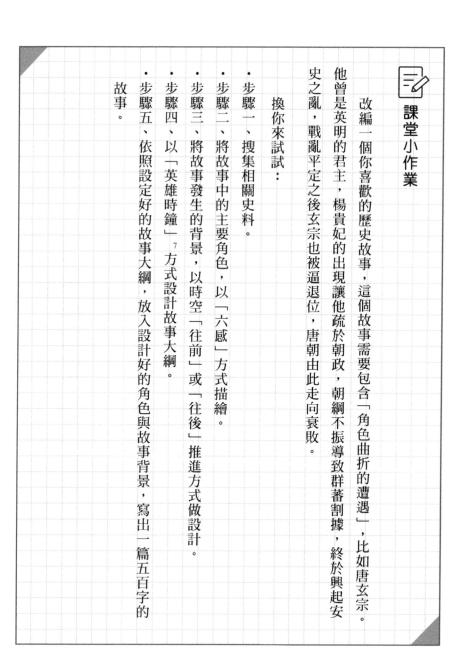

1 中國四大奇書是章回小説《水滸傳》、《三國演義》、《金瓶梅》、《西遊記》的合稱。

2 元末明初，羅貫中綜合民間傳説和戲曲、話本，結合陳壽《三國志》和裴松之注的史料，寫出了《三國演義》。

3 「三大戰役」另外兩場是官渡之戰和夷陵之戰。

4 是魏晉南北朝（六朝）時期筆記小説的代表作，內容記載東漢至東晉間的高士名流的言行風貌和軼聞趣事，由南朝宋劉義慶召集門下食客編寫而成。

5 《豆豆先生》（Mr.Bean），是一部英國電視喜劇，由羅溫·艾金森負責大部份編劇以及擔當劇中主角「豆豆先生」。豆豆先生少言寡語，常常透過肢體幽默及「奇妙」的想法與行動引人發笑。

6 請參考第四單元第三階段。

PART

11

二十四節氣的智慧

體驗古人因時序變換滋生的人文情懷。

你聽過「二十四節氣」嗎？如果沒聽過，你一定知道清明節要掃墓、冬至那天要吃湯圓，這兩個節日就是二十四節氣中的「清明」和「冬至」兩個節氣。

翻開家裡的月曆，你會看見每一個月都有兩個日子，日子旁邊標註著很美的名字，如：二月有「立春」和「雨水」，三月有「驚蟄」和「春分」，四月有「清明」和「穀雨」，這就是屬於「春季」的六個節氣。一年四季，每個季節都有六個節氣，因此一共有二十四個節氣。

到了秋季有「白露」、「寒露」、「霜降」等節氣，看到「霜降」，也許會讓你聯想起李白〈靜夜思〉詩中寫的「疑是地上霜」：原來深秋時天氣寒冷，地上會降下一層霜啊！而「霜降」之後再過十五天，就是「立冬」節氣，宣告正式進入寒冷的冬天，屬於嚴冬的「小雪」、「大雪」節氣也即將來臨了。

課堂小作業

請你翻開家中月曆，找出春（二月、三月、四月）、夏（五月、六月、七月）、秋（八月、九月、十月）、冬（十一月、十二月、一月）的二十四個節氣。

二十四節氣

二十四節氣最早起源於中國黃河流域，是古人對天文氣象進行觀察記錄的結果，在西周時期（大約公元前一〇四六年至公元前七七一年）已測定冬至、夏至、春分、秋分這四個節氣，到秦漢時期（公元前二二一年至公元二二〇年）形成完整的二十四節氣系統，完整的二十四節氣名稱首見於《淮南子》[1]〈天文訓〉篇。

中國自古以農立國，二十四節氣依照陽曆推算，是古人計算季節的單位，與農耕生活息息相關。古人利用土圭實測日晷，將每年日影最長那日定為「冬至」，日影最短那日定為「夏至」；又發現春、秋兩季，各有一日的晝夜時間長短相等，遂定為「春分」和「秋分」。「立春、春分、立夏、夏至、立秋、秋分、立冬、冬至」，是區分公轉運動對於地球影響的八個關鍵節點；「雨水、驚蟄、清明、穀雨、小滿、芒種、小暑、大暑、處暑、白露、寒露、霜降、小雪、大雪、小寒、大寒」十六個節氣，則反映了四季中更細微的氣候變化。

為了更方便根據節氣來安排農事，農民們流傳一首「二十四節氣歌」，將每個節氣名的第一個字連接起來，方便背誦：

春雨驚春清穀天；夏滿芒夏暑相連；
秋處露秋寒霜降；冬雪雪冬小大寒。
每月兩節不變更；最多相差一兩天；
上半年來六廿一；下半年來八廿三。

與二十四節氣有關的詩

古人與二十四節氣有關的詩詞極多，比如這首唐代詩人杜甫的作品：

〈春夜喜雨〉杜甫

好雨知時節，當春乃發生。
隨風潛入夜，潤物細無聲。
野徑雲俱黑，江船火獨明。
曉看紅溼處，花重錦官城。

杜甫在詩中將春雨「擬人化」了。原來春雨了解四時季節的變化，當春季來臨、萬物正在萌發生長時，它便伴隨著春風在夜晚偷偷降臨，細微無聲地滋潤萬物。厚厚的雲層將郊野小路籠罩在黑暗之中，襯得江上漁船的燈火格外明亮。破曉天光映照受細雨滋潤的紅花，顯得分外鮮豔，放眼看去，錦官城處處開滿了飽含雨露的花朵。

好美的一首「雨水」節氣詩！詩中不但有「六感」：

- 好雨「知」時節：知道，心覺。
- 隨風「潛入」夜：動作，歸為視覺。
- 潤物「細」「無聲」：細，視覺；「無聲」，聽覺。

·「野徑雲」俱「黑」：視覺。
·「江船火」獨「明」：視覺。
·曉「看」紅溼處：視覺。
·花重錦官城：看見處處開滿了花朵，視覺。

這首詩也充滿了「動作」和「顏色」：

·好「雨」知時節，當春乃發生：雨水是透明的。
·「隨」風「潛入」夜，「潤」物細無聲：將春雨「擬人化」之後產生的動作。
·野徑雲俱「黑」，江船火獨「明」：顏色與光線。
·曉看「紅溼處」，「花重」錦官城：花朵受春雨潤濕，色彩更加豔紅；重重春花開滿各處，也是擬人化的寫法。

還有這首白居易在「小雪」節氣寫的〈問劉十九〉：

〈問劉十九〉白居易

綠螘新醅酒，

紅泥小火爐。

晚來天欲雪，

能飲一杯無？

這首詩是封給朋友的「邀請函」，親切又可愛：我這裡有罈新釀成而未濾過的綠螘酒，我還準備了紅泥做的小火爐。天氣這麼冷，晚一點可能就要下雪了，你想不想到我這兒來喝杯酒呢？

古代詩人們感受節氣的轉變，萌發出源源不絕的創作靈感。在四季如春的臺灣，我們不容易看到「霜降」、「小雪」、「大雪」等節氣的真實景致，只能從古人的詩詞文賦中，想像紛紛落下的雪片究竟如空中撒「鹽」，還是因風起的「柳絮」[2]？

你沒看過下雪真的沒關係！因為「想像力」就是我們的「超能力」！讓我們一起運用想像力將二十四節氣變成我們的「六感花園」，與穿越時空而來的古人一同徜徉不同節氣中美好的景色吧！

課堂小作業

選一首你喜歡的「節氣」詩詞，運用六感描述，寫下你的感受。

・詩詞名：

・視覺：

・聽覺：

・嗅覺：

・味覺：

・觸覺：

・心覺：

第一階段

節氣介紹

清明時節雨紛紛，我們共同的記憶。

既是節氣，又是節日的清明節

在二十四節氣中，既是節氣又是節日的，只有清明。《曆書》（黃曆）說：「春分後十五日，斗指乙，為清明，時萬物皆潔齊而清明，蓋時當氣清景明，萬物皆顯，因此得名。」華北地區[3]有「清明前後，種瓜點豆」、「植樹造林，莫過清明」的俚語，嶺南地區[4]則有「清明穀雨，凍死老鼠」的俗諺。

清明原本只是節氣，但因為與「寒食節」、「上巳節」的時間距離太近，隨著時代演進，三個節日便化為同一天了。一起來看看其他兩個節日的介紹吧！

寒食節

亦稱禁火節、禁菸節、冷節、百五節，通常是冬至後第一百零五日，與清明節日期相近，在清明節前一或二日。

寒食節主要節俗為掃墓、踏青、禁火、不許生火煮食，只能吃已備好的熟食、冷食，故有此名。寒食節掃墓的起源，據傳始於古代帝王將相「墓祭」之禮，後來民間亦相倣傚。

一般認為，寒食節是為了紀念介之推。相傳春秋時期晉公子重耳因驪姬陷害逃離晉國，在外流亡十九年。一次重耳餓昏，介之推割股（割下自己大腿肉）給他吃，讓重耳很感動。後來重耳回到晉國回憶起舊事，想封賞介之推，而介之推已經和母親到山西的綿山隱居。晉文公重耳派人上山搜索，遍尋不到，其臣擅自放火燒山，想以此逼出介之推，最後發現介之推母子抱著槐樹被燒死。文公非常難過，規定每年此日不得生火，一律吃冷食，稱為寒食節，以紀念介之推。

經考證，寒食節的真正起源，應是源於古代的鑽木「求新火」之制。古人因季節不同，用不同的樹木鑽火，有改季「改火」之俗。而每次改火之後，就要換取新火，新火未至，就禁止人們生火，這在當時是件大事。到了唐代，寒食節加入掃墓祭祖的習俗，朝廷一開始給連假四日，後來增加至七日。

上巳節

俗稱三月三、三月節、三日節，是中國傳統節日。在漢代以前定為三月上旬的巳日，後來固定在農曆三月初三，有些地區在三月初三有掃墓習俗，順便踏青。

三月三也叫女兒節、「桃花節」，是古代漢族少女的成人禮，一般在這個日子舉行成人禮「笄禮」。女兒們「上巳春嬉」，臨水而行，在水邊遊玩采蘭，著新裝，踏歌起舞，以驅除邪氣。

上巳節是古代舉行「祓除畔浴」活動中最重要的節日。《論語》：「暮春者，春服既成，冠者五六人，童子六七人，浴乎沂，風乎舞雩，詠而歸。」就是記錄此事。

「上巳春浴」的習俗源於周代水濱祓禊：「祓」即祓除疾病，清潔身心；「禊」為修整、淨身，又有驅除災厄的意思。周代的上巳節由朝廷主持，並專派女巫掌管此事，成為官定假日。

「祓除畔浴，修禊之事」既是清潔身體，也是去除身上的晦氣。這天也是文人臨水宴飲、吟詩作賦的節日，並舉行「曲水流觴」遊戲，最著名的就是王羲之的「蘭亭會」，王羲之為此寫了流傳千古的〈蘭亭集序〉。

上巳節在唐代達到鼎盛，節日習俗轉變為踏青遊玩、臨水宴飲的娛樂內容。宋朝之後，上巳節不再盛行，但是春天踏青、宴飲的習俗一直延續下來。

清明節

這三個傳統節日：寒食節、上巳節、清明節，時間很接近，而清明節氣每年的日期是固定的，比起上巳節（三月第一個巳日）、寒食節（冬至後一百零五日）來說，真的好記多了。

到了唐代，寒食與清明已經合併在一起了。宋代之後，寒食掃墓之俗漸移到清明，又吸納了上巳節原有踏青宴飲的習俗，清明節由一個單純的農業節氣，一舉提升為大型傳統代表節日。

如今，清明節與端午節、中秋節、春節，被稱為「漢族四大傳統節日」，與除夕、中元節、重陽節稱為「祭祖四大節」。

第二階段

節氣代表作品

融合「七十二物候」的「詠二十四節氣詩」

我們最熟悉的節氣作品，應該是這首唐代詩人杜牧的〈清明〉：

〈清明〉杜牧

清明時節雨紛紛，
路上行人欲斷魂。
借問酒家何處有，
牧童遙指杏花村。

如果只看清明節「祭祖掃墓」的意義，我們會覺得路上「行人」是因為祭祖時思念親人而「欲斷魂」，但如果知道今天的「清明節」是結合另外兩個古代傳統節日「寒食節」、「上巳節」而成的節日，或許對這首詩，你會有其他的解讀方式也說不定。

還有一首，是唐代古文大家韓愈在「雨水」節氣所寫的〈早春呈水部張十八員外二首（其一）〉，描述早春時節萬物生機勃勃的美好景色：

〈早春呈水部張十八員外二首〉（其一）韓愈

天街小雨潤如酥，
草色遙看近卻無。
最是一年春好處，
絕勝煙柳滿皇都。

語譯

在雨水節氣前後，雨水像酥油一樣滋潤著長安城的街道，街邊剛冒出土的綠草嫩芽，遠看綠茵茵一片，近看卻有些稀疏。早春時節，是長安城一年中最美好的時候，這時候的景緻，更勝於柳色如煙籠罩全城的時刻。

除了這兩首作品，我還要推薦元稹所寫的《詠廿四節氣詩》。

「二十四節氣歌」流傳民間，許多人耳熟能詳，然而，很少有人知道在「敦煌文獻」[5]中還保存著一組傳自唐代的《詠廿四節氣詩》。據考證，詩的作者可能是唐代著名詩人元稹。這組詩的完成時間，約在中晚唐時期，經中原傳入敦煌，逃過戰火的摧殘後被保存下來，是今天我們能見到的最早的以「二十四節氣」為主題的組詩。

這二十四首詩，採用五言律詩格式，巧妙融合了「七十二物候」[6]現象，構成一副大型組詩。組詩中每首詩對應一個節氣，反映了古代中原地區的氣候、物候，並與農事、生活與民俗活動結合，內容豐富、語言質樸，畫面交替、情景交融，如同觀賞一幅幅「有聲之畫」。

〈立春正月節〉

春冬移律呂，天地換星霜。間泮游魚躍，和風待柳芳。
早梅迎雨水，殘雪怯朝陽。萬物含新意，同歡聖日長。

語譯

冬去春來，一個新的輪迴又將開始；立春節氣的到來，蘊含著無盡的希望。河流和池塘中的游魚躍出水面；溫和的風等待著柳樹發芽的消息。世間的一切事物都彷彿蘊含著新的生機，讓我們共同歡度這清平歲月。

〈雨水正月中〉

雨水洗春容，平田已見龍。祭魚盈浦嶼，歸雁過山峰。雲色輕還重，風光淡又濃。向春入二月，花色影重重。

語譯

春雨洗去寒冬的愁容，好像正在為春天打扮，顯現她亮麗的面貌；春風裡的水氣梟梟盤旋，就像一條龍在田野上飛舞游動。水中魚群感到水溫漸暖爭向水面游動，水獺捕捉後將漁獲排於岸上，好像學著人們舉魚祭天以祈求風調雨順；南返的大雁，一列列飛過遠處的山峰。天上的雲兒或厚或薄，把天空描畫得忽明忽暗，光影在原野上閃爍迷離，將春天的景致描繪得深淺不一。雨水節氣帶著人們跨入二月門檻，春意漸濃，花兒們正準備以重重綻放的舞姿，為春天的來臨揭開序幕。

〈驚蟄二月節〉

陽氣初驚蟄，韶光大地周。桃花開蜀錦，鷹老化春鳩。時候爭催迫，萌芽互矩修。人間務生事，耕種滿田疇。

語譯

驚蟄節氣來臨，春雷滾動，春雨霏霏，草木崢嶸，陽光和煦，明媚的春光再度尋訪大地，昆蟲動物紛紛告別了冬眠。從溫暖濕潤的蜀地，桃花綿延盛放，漸漸鋪遍了大江南北。老鷹歸隱，天際間成為春鳥的舞台。春天是這樣生氣勃勃，讓草木萌芽，萬物奮勇生長，驚蟄為農人譜下辛勤工作的序曲，躬身耕作的農民，在碧綠的原野上形成了如詩的畫卷。

〈春分二月中〉

二氣莫交爭，春分雨處行。雨來看電影，雲過聽雷聲。
山色連天碧，林花向日明。梁間玄鳥語，欲似解人情。

語譯

春分時節，冷暖二氣交匯，下起了春雨。春雨滂沱中，觀閃電刺穿雲層，烏雲過處，聽雷聲響徹山谷。春山青翠，林花紅豔。屋樑間的燕子呢喃細語，似乎能讀懂人心一般。

〈清明三月節〉

清明來向晚，山淥正光華。楊柳先飛絮，梧桐續放花。
鴽聲知化鼠，虹影指天涯。已識風雲意，寧愁雨谷賒。

語譯

晚春三月的風景，天地山水正散發著特有的光華。清明就是這樣，帶著春天的沉靜，緩緩而來。此時正是柳絮飛花的季節，三月的梧桐花盛開處處，讓繽紛的春天顯得更加明麗清遠。這個季節田鼠和鴾鴽大量的出現，雷雨之後，原野之上與山水之間掛著一道亮麗的彩虹。空氣中豐沛的水氣正在醞釀聚集，看來還有更多的雷雨即將來臨，看這樣的天氣狀況，不用擔心穀雨時缺少雨水了。

〈穀雨三月中〉

穀雨春光曉，山川黛色青。葉間鳴戴勝，澤水長浮萍。暖屋生蠶蟻，喧風引麥葶。鳴鳩徒拂羽，信矣不堪聽。

語譯

穀雨時節，山川清新翠綠，濕潤明秀。戴勝鳥穿梭在林葉間，池塘開始生出綠萍。此時正是蠶寶寶啃桑葉的季節，屋子裡一片沙沙聲，而窗戶外，暖風吹動，麥子抽穗，風中傳來麥花的香氣。晚春的布穀鳥不論早晚，都在催促農人快快播種。

〈立夏四月節〉

欲知春與夏，仲呂啟朱明。蚯蚓誰教出，王菰自合生。簾蠶呈繭樣，林鳥哺雛聲。漸覺雲峰好，徐徐帶雨行。

語譯

人們清楚春夏的差別，就在溫度的劃分。立夏節氣一到，溫度明顯升高許多，熱得蚯蚓都忍不住從土裡鑽出透透氣，藤架上的瓜果也不知不覺長得愈來愈碩大。蠶寶寶已經吐絲作繭，林中的鳥媽媽飛進飛出哺育啁啾鳴叫的幼鳥。才說這時的山景雲影真是迷人，盤繞的山雲竟帶著夏雨徐徐而來了。

〈小滿四月中〉

小滿氣全時，如何靡草衰。田家私黍稷，方伯問蠶絲。杏麥修鐮釤，鍘欃竪棘籬。向來看苦菜，獨秀也何爲？

語譯

小滿時節，正是陽氣全備的時候，那些靡草怎麼會枯萎呢？農人們忙著管理好自己的糧食作物，地方官員頻頻過問蠶絲的生產情況。杏黃麥熟，趕緊修理好鐮釤，以鐵具四齒耙，將棘籬豎好，方便瓜苗攀爬。孟夏時節，大家都將目光投向苦菜，好奇它獨自茂盛的原因為何？

〈芒種五月節〉

芒種看今日，螗螂應節生。彤雲高下影，鴳鳥往來聲。

淥沼蓮花放，炎風暑雨情。相逢問蠶麥，幸得稱人情。

語譯

芒種節氣，要看今日；螳螂適應節令，應運而生。彩雲高高在天，雲影朵朵；鷃雀來來往往，在空中鳴叫。清澈的水池裡，蓮花靜靜綻放；炎熱的南風中，暑熱中的雨聲別有情致。人們一相逢，便問起蠶絲和麥子的收成，萬幸這鄉村仍保存著淳樸的人情味。

〈夏至五月中〉

處處聞蟬響，須知五月中。龍潛淥水穴，火助太陽宮。

過雨頻飛電，行雲屢帶虹。蕤賓移去後，二氣各西東。

語譯

夏至時節，處處聽到蟬鳴聲響，彷彿在告訴人們，一年已走到五月中。在這個季節，就連那行雲布雨的天上飛龍，也想深潛在碧綠的潭水深處避暑；熾熱的天氣如火燒一般，促當空烈日釋放出更大的能量。暴雨常倏然而至，帶來懾人魂魄的雷鳴閃電；雨過天晴後，雲彩後屢屢出現迷人的彩虹。夏至後，陰氣走升陽氣趨衰，陽律「蕤賓」之聲即將停奏，陰陽二氣就要各奔東西了。

〈小暑六月節〉

倏忽溫風至，因循小暑來。竹喧先覺雨，山暗已聞雷。
户牖深青靄，階庭長綠苔。鷹鸇新習學，蟋蟀莫相催。

語譯

溫熱之風席捲大地、撲面而來，讓人無處躲藏。這都是因為小暑節氣到了。竹林裡傳來一陣喧鬧之聲，原來是夏雨穿林打葉之聲；山色變暗，雷聲響徹耳畔。迎來了盛夏一場又一場的大雨，讓潮濕的門窗生出青靄，庭院台階長滿綠苔。初生的飛鷹在空中練習翱翔搏擊，聚在壁穴中的蟋蟀別急著振羽鳴叫，催老了光陰。

〈大暑六月中〉

菰果邀儒客，菰蒲長墨池。絳紗渾卷上，經史待風吹。

菰果邀儒客，菰蒲長墨池。絳紗渾卷上，經史待風吹。

語譯

大暑來了，秋天也就不遠了，「林鐘」律音起，夏天就要過去了。一輪圓月開啟子夜時光，螢火蟲憑空翻飛照亮夜空。我準備了菰米邀請飽學詩書的客人品嚐，夏季當令的菰蒲已長滿碧綠透涼的水面。捲起了紅色紗帳，這懊熱夏夜真讓人昏昏欲睡，我和古代典籍都等著夏日清風來翻閱。

〈立秋七月節〉

不期朱夏盡，涼吹暗迎秋。天漢成橋鵲，星娥會玉樓。

寒聲喧耳外，白露滴林頭。一葉驚心緒，如何得不愁。

語譯

暑熱盡，秋風起，夏天不知不覺就過去了，涼風吹起，悄悄地迎來了秋天。那夜空中橫亙的銀河，彷彿是為織女和牛郎搭就的鵲橋，讓他們能夠在美麗的仙居團聚。寒蟬喧鬧，不絕於耳，露華晶瑩，緩緩地從林間枝頭滴落；一葉落，天下秋，時光飛逝，流年似水，如何才能叫人不添憂愁呢？

〈處暑七月中〉

向來鷹祭鳥，漸覺白藏深。葉下空驚吹，天高不見心。

氣收禾黍熟，風靜草蟲吟。緩酌樽中酒，容調膝上琴。

語譯

看到老鷹祭鳥時，就知道處暑節氣已至，也感受到白露收藏、秋意漸濃。葉下空自吹起一陣秋風，天空高遠，只看到一片肅殺的秋意，看不到老天的悲憫之心。秋風吹拂，農作物很快就要成熟，秋風帶來絲絲涼意，當風靜止時，聽見草叢中蟲兒的吟唱。在此情景中，我緩緩啜飲杯中美酒，從容調弄膝上琴弦。

〈白露八月節〉

露沾蔬草白，天氣轉青高。葉下和秋吹，驚看兩鬢毛。

養羞因野鳥，爲客訝蓬蒿。火急收田種，晨昏莫辭勞。

語譯

隨著白露節氣到來，天氣由悶熱轉寒涼，清晨的蔬菜野草上都沾著晶瑩的露水，秋陽在晴空中高遠又清朗。陣陣秋風吹過，樹葉紛紛飄落，真讓人惆悵。忽然發現自己兩鬢已斑白，原來歲月催人老呀！看著鳥兒趁著秋收時節，趕快貯存糧食準備過冬，辛勤的農人們忙著秋收，根本沒有閒暇長吁短嘆，我不過是漫漫歲月裡一名匆匆的過客，好比那蓬蒿一樣不受重用。

〈秋分八月中〉

琴彈南呂調，風色已高清。雲散飄飖影，雷收振怒聲。

乾坤能靜肅，寒暑喜均平。忽見新來雁，人心敢不驚？

語譯

撫琴彈起秋分八月的南呂調，那幽遠的琴音伴隨風色隱隱，隨著秋意飄搖至高闊的清空。秋風颯爽吹雲散，夏天的雷聲劇力萬鈞的盛況已經不再。到了秋分時節，天地逐漸歸於寂靜，寒氣與暑氣、陰氣與陽氣到了一個均衡發展的時候。忽然看見天空中大雁列列成行，又到了候鳥南遷的時後，時間流逝一刻也不停歇，人怎能不感歎歲月無情？

〈寒露九月節〉

寒露驚秋晚，朝看菊漸黃。千家風掃葉，萬里雁隨陽。
化蛤悲群鳥，收田畏早霜。因知松柏志，冬夏色蒼蒼。

語譯

早晨看見菊花次第變黃，驚覺寒露時節已到，時序已到了晚秋。陣陣秋風，掃捲去千家萬戶門前落葉，萬里晴空中，大雁紛紛向南遷徙。我為雀鳥為即將入海化為蛤蜊而悲傷，農人們趕著收割，擔心霜害提早來到。山上的松柏，無論酷冬暑夏都是那麼蒼鬱有勁，正因他們有著堅毅的志向。

〈霜降九月中〉

風卷清雲盡，空天萬里霜。野豺先祭月，仙菊遇重陽。

秋色悲疏木，鴻鳴憶故鄉。誰知一樽酒，能使百秋亡。

語譯

深秋霜降時節，藍天如此澄澈，好似秋風將所有積雲都打掃乾淨了，一望無際好似可望盡千萬里。古人在這個時節準備迎接重陽登高飲菊酒之雅事，連豺狼都知道要以捕獲的獵物感謝天地賞賜。林木落葉蕭索，南遷的鴻雁引發思鄉之情，且飲上一杯美酒，讓我忘卻這濃濃秋意帶來人世間的憂傷與哀愁吧。

〈立冬十月節〉

霜降向人寒，輕冰淥水漫。蟾將纖影出，雁帶幾行殘。

田種收藏了，衣裘製造看。野雞投水日，化蜃不將難。

語譯

前一個節氣霜降的到來，天氣明顯轉寒，湖水結起一層薄冰。而進入立冬變得更冷了，月亮在天被凍得纖細又美麗，少數尚未南歸的大雁正排成行列往南飛。農家已經把田裡稻穀都收割好了，留些種子待明年好播種。天氣越來越冷了，大家為自己做件皮裘保暖吧。立冬後，少見野雞一類的鳥類，卻看到水裡出現許多外殼與野雞花色相似的大蛤，古人認為到立冬後這些野雞入水變成大蛤了。

〈小雪十月中〉

莫怪虹無影，如今小雪時。陰陽依上下，寒暑喜分離。
滿月光天漢，長風響樹枝。橫琴對渌醑，猶自斂愁眉。

語譯

進入小雪節氣，天上陽氣上升，地上陰氣下沉，降水少，陽光減少，彩虹也少見了，萬物進入了休眠期。天空遼闊深邃，明月無比皎潔。呼嘯的北風，徹夜吹動樹枝發出的聲響。沒有辦法出門聚會，感覺有些寂寞，美酒瑤琴也不能減輕我絲毫愁緒。

〈大雪十一月節〉

積陰成大雪，看處亂霏霏。玉管鳴寒夜，披書曉絳帷。
黃鐘隨氣改，鴳鳥不鳴時。何限蒼生類，依依惜暮暉。

語譯

天上的凍雲，經過漫長的醞釀，終於成為雪花飄落下來，那無邊無際的飄飄飛雪，興奮地攜手降下人間，人們看見雪花繚亂，好像聽得到它們嘈嘈切切的討論聲。雪夜中有人吹著笛曲，我讀書至破曉，看見晨曦映在絳紅的窗簾上。十一月節已經到來，百鳥沉寂不語。冬至節氣將至，大地即將復甦，天地萬物都留戀嚴冬最後的溫柔，捨不得與這天地的靜謐說再見啊。

〈冬至十一月中〉

二氣俱生處，周家正立年。歲星瞻北極，舜日照南天。
拜慶朝金殿，歡娛列綺筵。萬邦歌有道，誰敢動征邊？

語譯

在冬至這一天，仰望燦爛星空，可以看到木星與北極星遙遙相對。白天，太陽在一年之中最偏南的位置上照耀著大地。大臣們齊聚宮殿朝賀天子，宮殿中排列出華麗豐盛的筵席讓大臣們歡度佳節。全天下都在歌頌這個政治清明的時代，又有誰敢輕易地在邊塞開啟戰端。

〈小寒十二月節〉

小寒連大呂，歡鵲壘新巢。拾食尋河曲，銜紫繞樹梢。

霜鷹近北首，雊雉隱叢茅。莫怪嚴凝切，春冬正月交。

語譯

小寒節令已經來臨了，鵲鳥們正準備開始築巢。牠們喜歡在河道彎曲的地方覓食，因為那邊累積最多肥美的魚類與昆蟲，牠們銜著樹枝在樹梢間穿梭忙碌地工作。獵鷹準備獵捕食物過冬，雉鳥們躲在樹叢隱密處，擔心自己成了獵物。雖然天氣仍然寒冷，但離正月春天已經不遠了。

〈大寒十二月中〉

臘酒自盈樽，金爐獸炭溫。大寒宜近火，無事莫開門。
冬與春交替，星周月詎存？明朝換新律，梅柳待陽春。

語譯

在大寒節氣，人們飲著臘酒，圍著火爐閉門取暖。冬過去了就是春，一年（星周）結束，十二個月哪會有存留的呢？新年要用新的曆法，梅花、楊柳已在等待著明年的春天了。

第三階段

設計節氣年輪（現在與未來）

感受內在與天地的連結，記錄自然的變化

請自行設計一個圓形年輪，標上二十四節氣。

請從與此時最接近的那一個節氣開始，記錄下大自然的變化。

也記錄你在這個節氣十五日內，所感受到內在與天地萬物的連結。

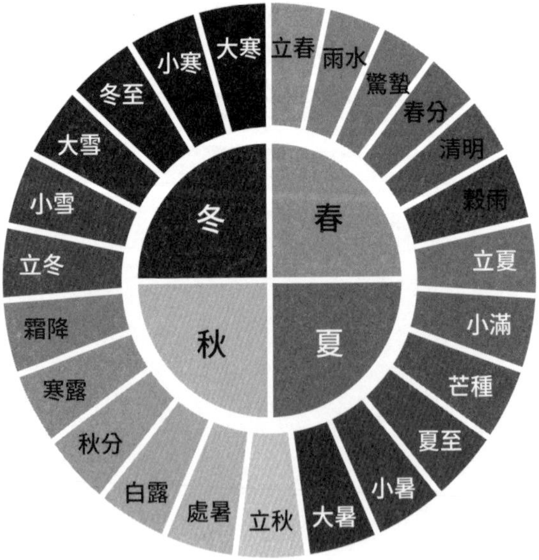

第四階段

挑選節氣故事（過去）

難忘的回憶，發生在哪個季節

冷冷的冬夜，媽媽煮了一鍋熱騰騰的湯圓，大家端著碗，一邊吹著熱氣，一邊聊天，討論誰的碗裡多了一顆？誰兩顆都是花生餡的？這是屬於我的冬至回憶，也請你分享屬於你的故事。

季節	月份	節氣	關鍵字
春	二月	立春	
		雨水	
	三月	驚蟄	
		春分	
	四月	清明	
		穀雨	
夏	五月	立夏	
		小滿	
	六月	芒種	
		夏至	
	七月	小暑	
		大暑	
秋	八月	立秋	
		處暑	
	九月	白露	
		秋分	
	十月	寒露	
		霜降	
冬	十一月	立冬	
		小雪	
	十二月	大雪	
		冬至	
	一月	小寒	
		大寒	

課堂小作業

看了古人的節氣作品，你有沒有屬於自己的節氣故事呢？

回想自己成長過程中，與節氣有關的回憶故事。

挑選一個，寫成一首詩、一個故事，或是一篇文章。

・節氣：

・回憶：

・作品：

1 《淮南子》，作者為西漢淮南王劉安及其幕下的士人，成書於西元前一三九年以前。《淮南子》內容廣博，對政治、哲理、天文、地理、自然、養生、軍事都有所論述，融合先秦諸子的思想，而以道家老莊為主，採納儒家和陰陽家的觀點，修正先秦道家的無為政治理論，發揮天人感應之說，是漢初各派學術思想的總匯，被視為諸子百家中雜家的代表著作。

2 《世說新語．言語》：謝太傅寒雪日內集，與兒女講論文義。俄而雪驟，公欣然曰：「白雪紛紛何所似？」兄子胡兒曰：「撒鹽空中差可擬。」兄女曰：「未若柳絮因風起。」公大笑樂。

3 華北，北至中蒙邊境，南靠秦嶺淮河，東臨渤海和黃海，西鄰青藏高原，包括北京、天津、河北、山西和內蒙古自治區。

4 嶺南，是指中國南方的五嶺之南的地區，相當於現在廣東、廣西、海南全境，以及湖南、江西等省的部分地區。

5 敦煌文獻，又稱敦煌遺書、敦煌文書、敦煌寫本，是對西元一九〇〇年發現於敦煌莫高窟十七號洞窟中的一批書籍的總稱，總數約五萬卷，其中佛經約占九十％，最早的是前秦苻堅甘露元年（西元三五九年），最晚為南宋慶元二年（西元一一九六年）。這些圖書由猶太裔英國人斯坦因帶回到英國，目前敦煌文獻分散在全世界，如大英圖書館、法國國家圖書館、聖彼得堡的俄羅斯科學院東方文獻研究所等。

6 七十二候為中國最早結合天文、氣象、物候知識指導農事活動之曆法。以五日為候，三候為氣，六氣為時，四時為歲，一歲二十四節氣，共七十二候。七十二候起源於黃河流域，呂不韋曾記載於《呂氏春秋》，完整記載見於西元前二世紀《逸周書．時訓解》。

PART 12

如何用「我」寫文章

藉著寫作，了解自我。

第一階段

時移事易

畫出記憶年輪，標註過往。

「時日變遷，世事隨之改變。」小時候最愛的衣服樣式，現在應該不敢穿上身；小時候喜歡的食物、電影，多年以後重溫，可能與記憶中的不再一樣；過去的平地，今天已建成樓房；今天的樓房，未來可能成為公園。

世界不停變換著，但生命中總有些事物，永遠不會變。

這本書的最後一個單元，想跟你聊聊如何「藉著寫作，了解自己」，如何用「我」來寫文章。

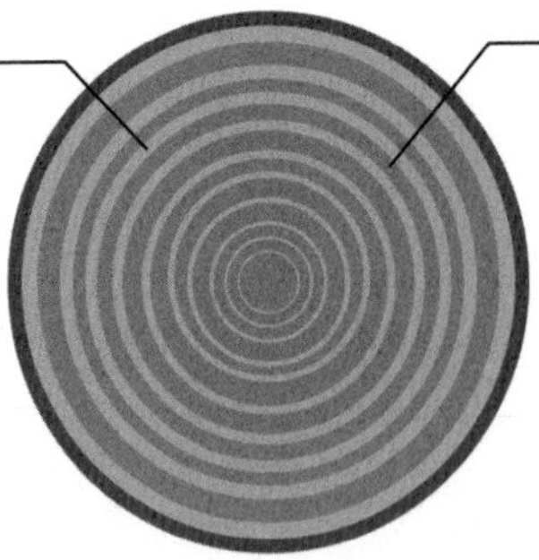

課堂小作業

畫出記憶年輪，標註過往。

物

- 從你有記憶以來至今，曾經有些事物陪伴你長大，請舉出三件。
- 你在何時、何地與他們相識？為什麼？這些事物對你產生什麼意義？

人

- 從有記憶以來至今，有些人曾對你產生巨大影響。請舉出三位。
- 他們在何時、何地與你相識？與你關係為何？對你產生什麼影響？

第二階段

時空連線

串連過去、現在與未來。

事物總是不停變換著，但生命中總有些事物，永遠留在回憶裡。

把自己想成一棵正在長大的樹，一年又一年，樹的年輪一圈又一圈向外拓展，如果這時有一位樵夫，拿起「歲月」這把刀，將你的「記憶年輪」橫向剖開，你會看見生命中哪些難忘的時光？

以下這兩闕詞，寫的都是作者「時空連線」的心情。

〈醜奴兒．書博山道中壁〉辛棄疾

少年不識愁滋味，愛上層樓，愛上層樓。爲賦新詞強說愁。

而今識盡愁滋味，欲說還休，欲說還休。卻道天涼好個秋。

〈虞美人〉蔣捷

少年聽雨歌樓上，紅燭昏羅帳。
壯年聽雨客舟中，江闊雲低斷雁叫西風。
而今聽雨僧廬下，鬢已星星也。
悲歡離合總無情。一任階前，點滴到天明。

在第一闕詞中，穿越時空的主題是「愁滋味」。

作者年少之時並不了解「憂愁」是怎麼一回事，為了捕捉靈感，他喜歡到高處遠眺，期望能得到幾縷愁緒，讓他寫下好作品。隨著歲月流逝、人生歷練，他早已熟悉憂愁的滋味，如果有人問他該怎麼描述這種滋味？他說，就像只有親身經歷過秋天的人，才能體會秋天是如何地涼爽啊。

第二闕詞，串連時空的主題是「聽雨」。

作者在不同年紀、人生階段聽到下雨的聲音，在心中產生了不同的感受。年少時，他常在聲色場所中聽雨，享受美好的事物，不在意金錢與時間的浪費；壯年時，他為了生活四處漂泊，有時在客船上聽著雨聲，見到江上密佈的烏雲間飛著準備南遷的大雁，牠們的叫聲真令人傷感。如今他已是鬢髮斑白的老年，有時到寺院聽雨，了解人生的悲歡離合就像雨，點點滴滴不停落下，從不會特別喜歡誰、不喜歡誰，就這麼一直下著直到天亮。

第三階段

時空跳轉

加入六感與「移覺摹寫」的運用

在第二單元介紹的「六感心智圖」，其實是「移覺摹寫」的初步練習；第五單元第三階段，我更加詳細介紹「移覺摹寫」就是「打破六感的界線，讓感覺之間能夠互通」的寫作技巧。現在，我們要進一步利用「六感／移覺摹寫」的技巧，將描寫的對象變得更加「立體」。

一、物：挑選具有代表性的事物，六感／移覺摹寫練習

以下，我將示範如何以一首古典樂曲和一位難忘的親人，記錄生命中難忘的時光。

難忘的事物：挑選一件事物，以「六感＋移覺摹寫」方式描述。

示範

主題：D小調雙小提琴協奏曲（巴赫）

· 故事三元素介紹

人物：一位準備大學聯考的學生

背景：一九八〇年代的台中市

情節：一首樂曲帶來的回憶

少女時的我經歷過「黑膠唱片」、「錄音帶」與CD的時代，其實並沒有特別投注心力與金錢，卻慢慢擁有不少「有形」的音樂產品。大學聯考前，我在老家附近的唱片行買了幾卷錄音帶，其中一卷就是巴赫的「D小調雙小提琴協奏曲」，它竟成了我讀書時的定心丸。

錄音帶的包裝令我難忘：豔紅的底色襯

視覺	錄音帶盒子
聽覺	明亮流暢有力量，重複主旋律、唱和
嗅覺	唱片行的氣味、教室和宿舍的氣味
味覺	住宿時的飲食
觸覺	按壓播音鍵
心覺	支持與撫慰

著一張巴洛克風格的樂團演奏畫像，封面特別標注「鐵路帶，音質佳」的字樣。當我戴上耳機按下播音鍵，兩支音色明亮的小提琴，以唱和對話的方式，將樂曲或快或慢地吟唱出來，那穩定重複的旋律，好像一個溫度適中的熨斗，來來回回，將我打結起皺的心慢慢燙平了（聽覺轉觸覺轉心覺）。

這首曲子成爲我考前三個月的主題曲，它陪伴著我，翻越一本又一本教科書，耕讀一行又一行的課文，書寫一題又一題試題；有時候也伴著我午睡，在夢境中繼續它安定心神的療癒工程。考生的六感記憶特別發達，伴隨著這樂曲的，還有宿舍食堂的氣味、清晨校園綠茵草地的芬香，以及晚上排隊洗澡時浴室裡熱氣的蒸騰……。那段時間我不覺疲憊，因爲有了它，我才能度過那如樂曲般反覆的時光（聽覺轉心覺）。

課堂小作業

挑選一件事物，在「故事三元素」的結構中，以「六感＋移覺摹寫」方式描述。

- 主題：
- 人物：
- 背景：
- 情節：
- 六感＋移覺摹寫：

視覺	
聽覺	
嗅覺	
味覺	
觸覺	
心覺	

- 作品：

二、人：挑選一位人物，以六感／移覺寫摹方式描述。

作品：

挑選一位人物，以「六感＋移覺摹寫」方式描述。

示範

・先以「故事三元素」方式介紹：

人物：外婆

背景：一九七〇至一九九〇年代的台中市

情節：外婆為我留下的難忘回憶

外婆開一個小小的店面，賣菸和冷飲。

她有時會騎著腳踏車帶我去買菸，那是一台大型的載貨用車，後座有一個大大的鐵架子可以捆貨，外婆體型很瘦小，每次她都要很用力地踩著踏板，才能蹬上那台對

視覺	外表矮小瘦弱
聽覺	河南梆子（傳統戲曲）樂音
嗅覺	炒菜滋味，不喜歡蒜味
味覺	水餃
觸覺	抱著外婆的腰
心覺	想念

她來說相當高大的腳踏車，載著幼小的我去菸酒公賣局批貨。

我抓著她的腰，感覺她費力蹬著踏板，一邊流汗一邊喘氣，天氣炎熱的夏天，批完貨回來時，她會從冰箱拿出飲料給我喝，自己卻只給自己倒杯水。她對我們小傢伙們很好，每次去店裡，她都不管媽媽的勸阻，執意從冰箱裡拿出飲料塞給我們，我記得有一種特別的飲料叫「羅氏秋水茶」，是用藥草熬煮的，味道很特別。

外婆是北方人，逢年過節一定包餃子，她包的餃子特別好吃，她還教會我怎麼煮皮才不會破，祕訣是用湯勺「推」餃子而不能「撈」餃子。外婆不喜歡蒜味，這在左鄰右舍都是退伍老兵的眷村中還真特別，因此我記憶中的菜餚都沒有蒜味，她的拿手菜是醋溜土豆絲、黑木耳炒肉絲和各式滷味。

到北部讀大學後，北上或是回家前我都先到店裡看看她。她喜歡聽故鄉的戲曲「河南梆子」，那高亢的樂曲總是提醒我，我的血脈裡流淌著一種我不熟悉的鄉愁（聽覺轉心覺）。

以前每年的生日那天，外婆都會牽著我的手，帶我去市場巷弄裡、唱片行隔壁的金飾店，挑一個小戒子或小手鍊，當作我的生日禮物。在她突然離開我們之後的日子裡，這些紀念品都讓我止不住地思念起她，我才知道，原來我和外婆相處的日子，每一天都在倒數啊。

課堂小作業

挑選一位人物，在「故事三元素」的結構中，以「六感＋移覺摹寫」方式描述。

- 人物：
- 背景：
- 情節：

・六感＋移覺摹寫：

視覺	
聽覺	
嗅覺	
味覺	
觸覺	
心覺	

・作品：

第四階段

設計屬於你的英雄時鐘

加入六感、移覺摹寫技巧，寫自己的生命故事

將你選擇的「物件」放在這個時鐘中，檢視它對你的生命產生的意義。

利用「英雄之旅十二階段」來檢視自己的故事大綱：

我在第四單元初次介紹以「英雄之旅十二階段」寫故事的方法，是否還記憶猶新？現在將示範如何以「英雄之旅十二階段」加上「六感」和「移覺摹寫」技巧，重新改寫在第五單

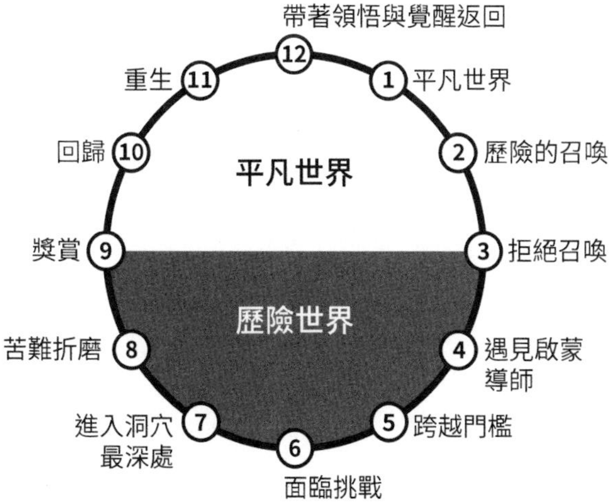

元裡的「橡皮擦」故事：

・主題：橡皮擦

示範

橡皮擦（一）（原文在第五單元第四階段）

我有一個橡皮擦，是爸爸送我的。

爸爸的工作，是到台灣與離島各地做土地測量規劃與製圖，因此他擁有許多專業的製圖文具，這些文具在幾十年前非常少見：比如一支可以同時裝多色筆芯的彩色筆，不同規格的測量用具，我好奇又羨慕，卻從不敢開口要。

有天，他帶回一塊橡皮擦，橡皮擦外圍水藍色的紙裝上畫著一位帶鋼盔的武士，尺寸比日本蜻蜓牌橡皮擦大上許多。這塊曾經陪著爸爸工作的橡皮擦，後來陪著我度過快樂的童年和青澀的國高中歲月，以及爲愛情與工作感到困惑的無數日子。它總躺在我的桌邊，陪我在夜燈下苦讀，看我在稿紙、筆記本上塗塗寫寫，爲我擦去多餘與錯誤，從不對我說一句責備的話。

後來，在文具店我看到許多與它一模一樣的橡皮擦，但我的那塊卻是獨一無二的：

它是我逝去的童年、我好奇的異國世界，和爸爸對我濃濃的愛。我永遠記得與它初見時，爸爸眼中盈盈的笑意。

謝謝你，親愛的橡皮擦。

橡皮擦（二）

（平凡世界）

爸爸的工作，是到各地做土地測量，再回辦公室製作報告；他常常出差，只有週末才看得到他的身影。有時候他會帶回一些特別的文具，這些文具在四十年多前非常少見，比如：可以同時裝多色筆芯的彩色筆、封面有著可愛小女孩和小狗拿著野餐籃畫像的日本製鐵盒色鉛筆……等。

（歷險的召喚）

有天他帶回來一塊德國橡皮擦，橡皮擦的表面有一位帶著鋼盔的武士，尺寸比當時常見的日本蜻蜓牌橡皮擦要大上許多。

（拒絕召喚）

姊姊看見這塊橡皮擦，二話不說就拿走了。我眼巴巴看著她把那塊橡皮擦放進那嶄新的三層鉛筆盒裡（視覺），心裡有一種說不出的落寞（心覺）。我也好想要那塊橡皮擦啊！

（遇見啟蒙導師）

這天，我趁她不注意的時候，偷偷打開她的鉛筆盒，拿出那塊橡皮擦，放在手裡看了又看，眞想放進自己的鉛筆盒裡，突然聽見一聲巨吼：「你幹嘛亂動我的東西？」姊姊從我手中搶走了那塊橡皮擦，我的臉瞬間變得又紅又熱（觸覺）。「不要對妹妹這麼兇，」爸爸看著姊姊，又轉身對我說：「下次出差，我再買一塊給妳。」姊姊聽見爸爸這麼說，突然惱怒地喊：「給她好了！我不希罕！」就把橡皮擦用力扔給我。

（跨越門檻）

我終於得到了這塊夢寐以求的橡皮擦。它，好像有魔力一般，在我訂正錯誤的答案時，握著它，就感覺有一種「被鼓勵」的溫暖，慢慢從我的心散發出來，一直延伸到手臂，再流到手指尖（觸覺轉心覺）。

（面臨挑戰）

姊姊跟我的爭執，從小到大從沒間斷過。有次我看到一張照片，照片裡的姊姊抱著我坐在院子台階上，我疑惑地問媽媽：「姊姊曾經抱過我喔？」媽媽說：「對呀！你兩、三歲時，有天突然不見了，你姊姊還哭著到處找你呢！」眞的很難相信，這個一天到晚找我吵架的人還會爲我哭呢！

但是，這塊橡皮擦好像成了新一波爭執的導火線，她跟我吵架的內容變成：「妳什麼都選最好的！爸爸媽媽最偏心！」我不知道該說什麼，因爲我也覺得她什麼都選最好的。我回到房間，坐在書桌前打開課本，腦中仍迴盪著那句話，心裡止不住想著：「爲什麼妳總是看我不順眼？」

（進入洞穴最深處）

第二天到學校後，我發現橡皮擦不見了。我翻遍了書包，心裡出現一個巨大的黑洞，黑洞中那巨大的漩渦，將我對姊姊所有的信任與依賴都捲走了。

（苦難折磨）

每一堂課，我都想著那塊橡皮擦。想著想著，也不知道老師上課教了什麼，想著想著，午餐時間到了，心不在焉吃完了午餐，又想著想著，下課鐘聲響起，我飛也似地回家。

（獎賞）

一進家門，聞到花園裡傳來茉莉的清香，我停下腳步看著如繁星般在密密綠叢中綻放的茉莉，心裡突然鬆了下來。一到夏天，我就常常聞到它們的香味，卻總忘了它們的存在，這時突然聽見一個聲音對我說：「既然你已經擁有這麼棒的禮物，又何必在意一塊橡皮擦呢？」我覺得鼻子酸酸的，眼淚慢慢滑落下來，一朵微笑升上我的嘴角（嗅覺、觸覺轉心覺）。

（回歸）

走進房間，看見那塊橡皮擦靜靜躺在桌上，我困惑地看著它，也看見姊姊轉身的背影。爸爸拍拍我的背，笑著說：「沒帶橡皮擦上學，捨不得用啊？」我沒說話，只聽見「碰！」的一聲，是大門關上的聲音，姊姊出去找她的朋友了。

（重生）

這塊橡皮擦，陪著我度過快樂的童年、青澀的國高中，以及爲愛情感到困惑的大學與研究所時期。它總是躺在我的桌邊，陪著我在夜燈下苦讀，陪著我在稿紙、筆記本上塗塗寫寫，爲我擦去多餘與錯誤，從不說一句責備的話。

（帶著領悟與覺醒返回）

後來，我在文具店看見了跟它一模一樣的橡皮擦，但我知道，我的那一塊卻是天底下獨一無二的——它代表逝去的歲月，也讓我知道，原來愛有不同的樣貌，這個道理，我長大才懂得。

課堂小作業

將你選擇的「物件」放在這個時鐘中，檢視它對你產生的意義。

物件主題：

利用「英雄之旅十二階段」來檢視自己的故事：

1點鐘 平凡世界：

2點鐘 歷險的召喚：

3點鐘 拒絕召喚：

4點鐘 遇見啟蒙導師：

5點鐘 跨越門檻：

6點鐘 面臨挑戰：

7點鐘 進入洞穴最深處：

8點鐘 苦難折磨：

9點鐘 獎賞：

10點鐘 回歸：

11點鐘 重生：

12點鐘 帶著領悟與覺醒返回：

最終局

與你的內在相遇，成為自己的英雄。

英雄故事中的「英雄」通常是極度平凡的。他可能是一位廚師，一位路邊的攤販，一位清潔人員，一位公車司機，一位膽小的中學生，或是一位日夜操勞的職業婦女。

唯一不變的是：所有的英雄，都有著一個成為英雄的理由。

我的一位學生，小時候因生病發高燒影響了她的語言表達能力，但上天給了她特別的禮物，她是個肢體反應極靈敏的孩子：無論在彈翻床比賽、體操比賽、律動、舞蹈的表現上，都展現出無懼的態度與過人的能力。

我曾陪著她度過二十二堂課，看著她一步步的轉化與蛻變，心中感到無比欣慰。想起「英雄旅程十二時鐘」的「四點鐘」是「啟蒙導師」，我有此機會，擔任一位陪伴英雄面對各種問題、並找到解決方法的角色，是多麼幸福的事啊！

我坐在她學校專題發表會的觀眾席中，聽她簡要陳述作品的構思過程。我知道這只是一個鋪陳，她即將展現的作品會將她塑造成一位真正的英雄。

台上陳列著五幅作品，展現她細緻的觀察力與極高的繪畫天份。包括炭筆素描和水彩、粉彩，全都圍繞著「舞蹈」這個主題：一幅記錄她小時練舞的模樣、一幅描繪一位女舞者翩然的舞姿，兩幅針對男女舞者舞蹈時「腳部」的特寫素描，她發現，舞者在跳舞時「腳」是最有力的，這也引發她對腳部仔細觀察的興趣。

介紹完畫作，她展現另一項作品——舞蹈，這是她自己構思、編排的舞碼。在她一個接一個轉身迴旋，一次又一次充滿力度、曼妙輕盈的舞姿中，我彷彿看見一位身形巨大的戰士，保持著激昂鬥志，不斷突破改變、成長茁壯，面對自己的困惑混沌與猶疑不安，在種種挑戰中努力找到方向、破浪而出。舞台上，我看見了她內心那勇敢的靈魂。

英雄不只活在戰場上。每天，面對生活中大大小小的挑戰，我們都有機會成為英雄。這些挑戰可能來自「外界」，比如他人的言語，但更多時候，挑戰來自於我們的內心。我們的心如一艘船，幻化成各式樣貌的情緒，時常策動著、阻攔著、譏諷著、哀求著我們的心，企圖影響那正在掌舵的「意志」，改變前進的航道，偏離原定的目標。

面對這些情緒，我們得借助一件與生俱來的武器——勇氣。訓練勇氣，如同冶鑄精良的兵器，要一次次面對難度更高的挑戰，不斷進化蛻變，再帶著意志面對各種挑戰、擊破外來限制，馴服各種情緒，保持專注力，航向未來。

英雄不僅以「成敗」論，「勝敗」乃兵家常事，具有足夠的勇氣，才能支撐意志達到預定目標；英雄不論「出身」低，因為所有外在條件都無法埋沒一位真正的英雄；英雄的終極目標，在成為「他人」的英雄之前，先成為「自己」的英雄！

帶著你的意志與勇氣，去面對每一天的征戰吧！

2AB117

培養中小學生寫作腦

啟動六感創作，12 堂課學會作文超能力

作　　者　韓維君
責任編輯　單春蘭
內頁設計　江麗姿
封面設計　走路花工作室

行銷企劃　辛政遠
行銷專員　楊惠潔
總 編 輯　姚蜀芸
副 社 長　黃錫鉉

總 經 理　吳濱伶
發 行 人　何飛鵬
出　　版　創意市集

發　　行　英屬蓋曼群島商家庭傳媒
股份有限公司城邦分公司
歡迎光臨城邦讀書花園
網址：www.cite.com.tw

香港發行所 城邦（香港）出版集團有限公司
香港灣仔駱克道 193 號東超商業中心 1 樓
電話：（852）25086231
傳真：（852）25789337
E-mail：hkcite@biznetvigator.com

馬新發行所 城邦（馬新）出版集團
41, Jalan Radin Anum, Bandar Baru Sri
Petaling, 57000 Kuala Lumpur, Malaysia.
電話：（603）90563833
傳真：（603）90576622
E-mail：services@cite.my

I S B N　978-626-7336-26-7（紙本）／
978-626-7336-36-6（EPUB）
2023 年 9 月初版一刷／ 2024 年 8 月二刷
定　　價　新台幣 420 元（紙本）／ 294 元（EPUB）
／港幣 140 元
製版印刷　凱林彩印股份有限公司

若書籍外觀有破損、缺頁、裝訂錯誤等不完整現象，想要換書、退書，或您有大量購書的需求服務，都請與客服中心聯繫。

詢問書籍問題前，請註明您所購買的書名及書號，以及在哪一頁有問題，以便我們能加快處理速度為您服務。

廠商合作、作者投稿、讀者意見回饋，請至：
FB 粉絲團 http://www.facebook.com /InnoFair E-mail 信箱 ifbook@hmg.com.tw

客戶服務中心

地址：10483 台北市中山區民生東路二段 141 號 B1
服務電話：（02）2500-7718、（02）2500-7719
服務時間：周一至周五 9：30 ～ 18：00
24 小時傳真專線：（02）2500-1990 ～ 3
E-mail：service@readingclub.com.tw

版權聲明

國家圖書館出版品預行編目（CIP）資料

培養中小學生寫作腦：啟動六感創作，12 堂課學會作文超能力 / 韓維君著 . -- 初版 . -- 臺北市 : 創意市集出版 : 城邦文化事業股份有限公司發行 , 民 112.09
面；　公分

ISBN 978-626-7336-26-7(平裝)
1.CST: 漢語教學 2.CST: 寫作法
3.CST: 中小學教育

524.313　　112012711